成否の9割は
「準備」の質で決まる

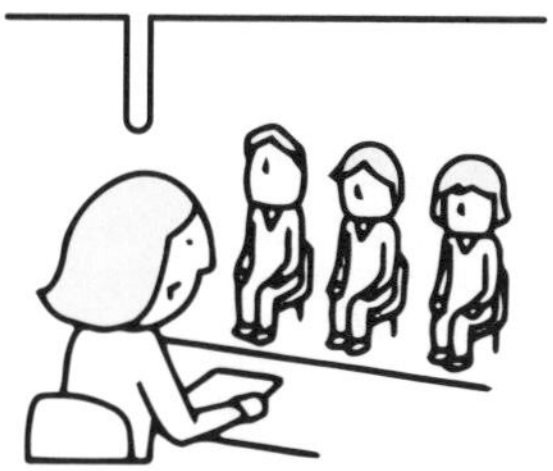

成功する 転職面接

An interview will make
your career change
successful

末永雄大 著
Suenaga Yuuta

ナツメ社

はじめに

転職は〝出来レース〟である

私のもとに相談に来てくれる20～30代の転職希望者の方々に、私はよく、

「転職活動は〝出来レース〟なんですよ」

という話をしています。

〝出来レース〟――辞書には「見かけ上は真剣に競い合っているものの、事前の話し合いで結果が決まっている競争や勝負のこと」とあります。八百長レースの意味で使われることも多い言葉ですから、「転職活動は八百長という意味ですか？」などと勘違いされてしまう危険性もあります。

ともすれば大きな誤解を招きかねない〝出来レース〟という刺激的な言葉。それを敢えて使ってまで私が伝えたいのは、

「転職活動、特に20～30代の転職活動には、厳然たる成功原則が存在している」

ということなのです。

その成功原則を知り、そのとおりに実行すれば、入社し大活躍することが事前に確約され

た〝出来レース〟となる。逆に、その成功原則を知らず、その原則に逆らっていれば、何度トライしても何社にアプローチしても採用通知をもらえない〝逆出来レース〟となる――というわけです。

日本最大手の転職エージェントを経て、自らの会社を起業

私は、大学在学中に学生起業を経験し、企業と人材をつなぐことに大きな魅力を感じるようになりました。そして、卒業後は自分のスキルをさらに高めるために日本最大手の転職エージェント「リクルートエージェント」に営業として新卒入社し、さまざまな業種・業界の企業に対して人材紹介をおこなってきました。

その後、成長著しいIT業界での知識を身につけるために、インターネット広告の「サイバーエージェント」に転職し、インターネット広告の法人営業、アカウントプランナーとして活躍。そういったキャリアを経た後、2012年、「働く人たちの自己実現を応援したい」という思いから、転職エージェント会社「アクシス株式会社」を創業。2013年から「転職エージェントが語るすべらない転職」というインターネットメディアを開設、今では1000記事以上のコンテンツ、月間で30万人の転職希望者を読者に抱えるメディアを運営しています。現在、多くの仲間とともに、20~30代を中心としたビジネスパーソンの転職のサポートをインターネット

と直接での面談を通しておこなっています。

リクルートエージェントやサイバーエージェントでの前職経験、そして現職での経験を通じて、私は日本全国の全業界・職種の中途採用支援をしてきました。その経験を重ね合わせ、検証することで、**「こうすれば転職に成功できる／こうすれば転職に失敗する」という大原則が明らかになってきた**のです。

私たちの会社では、今日もこの原則を伝え、実践してもらうことで、相談者の皆さんの転職活動を応援しています。決して過去のものではなく、現在も今後も有効な**リアリティーのある成功原則**です。私の初著作となる本書で、この転職の成功原則を余すところなく公開していきます。

本書の考える「転職における成功」とは？

本書を読み進めていただく前に理解しておいてほしいことが2つあります。

1つは、「転職における成功」の定義、もう1つは「準備」の意味です。

まずは**「転職における成功」の定義**について。

「本のタイトルは『成功する転職面接』だし、文章中にも『成功原則』なんて出てくるけど、『転職における成功』ってどういうことなの？」

と疑問に思う方もいると思います。

本書では**「転職における成功」**を、以下のように定義しています。

①一定期間（目安は3年間）、その会社に定着できること

②定着期間中、その会社で活躍できること

③定着期間内に次のステップに進むのに必要な「ハッシュタグ」を手に入れられること

この3つを満たすことが「成功」の条件と考えています。

つまり、**「採用通知をもらう」というのは、転職の成功におけるゴールではありません。**むしろ①〜③以前の⓪にあたります。採用通知をもらえなければそもそも転職ができませんから、採用通知をもらうための対策は当然必要です。けれども、そこだけに注力した本でないことはご理解ください。

なお、①〜③の条件を見て、

「なぜ一定期間＝3年間なの？」

「ハッシュタグを集めるってどういうこと？」

など、いくつか疑問が浮かんでいる人も多いと思います。こういった疑問に関しては、のちほど本章でくわしく紐解いていきます。


さて、もう1つは**「準備」の意味**についてです。

本書では、面接の「本番編」に入る前に「準備編」の章を設けています。そして、準備編の中で「戦略の立て方」「情報収集のしかた」「自己分析の方法」などについて触れています。

本書を手に取り、パラパラとページをめくった方の中には、

「面接対策の本を買いたかったのに、なぜ面接本番について触れているページが少ないのか？面接当日に使えるテクニックをもっと教えてほしい」

と感じた方もいらっしゃるのではないでしょうか。

もちろん、本番で使えるテクニックは必要です。そのあたりのことは必要十分に触れました。

けれども、もっとも大事なのは**「ＷＨＹ？」**の部分、つまり、

「なぜそれをやるのか？」

「どんな目的のためにそれをやるのか？」

だからです。

将来の自分の夢と、現在の自分の位置付け。そのギャップを埋めるために、どんなアクションを取れば良いのか――を実行に移す手段の1つが転職なのです。

わかりやすい例を挙げるとすると、

「35歳くらいにはファッションブランドの
ウェブマーケティングのディレクターとして活躍したい」

そのためには……

「今はアパレルの販売経験を積むことはできたけど、
ウェブマーケティングの知識も必要だ」

そのためには……

「ウェブマーケティング（支援）の会社で（法人営業）経験を積もう」

そのためには……

「ウェブマーケティング（支援）の会社に採用してもらえるよう、面接活動（面接対策・準備）をおこなおう」

といったように、ゴールから逆算してステップを考える必要があるわけです。

つまり、「面接本番」は、あなたが目指す理想の将来に向かうステップのたった1つに過ぎません。であるにもかかわらず、採用＝ゴールと考えてしまうと、採用後に向かう先を見失ってしまいます。**面接で大事なのは、「本番」よりもむしろ「準備」**。ここをしっかりおこなうことで、自分の軸がしっかりした、ブレない転職活動ができるのです。面接本番の細かいテクニッ

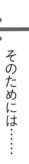

クなど知らなくても、成功の大原則を知っていることが重要。そのため、本書では「準備編」に一定量のページを割いているのです。

大原則を知っている人は一気に成功確率が高まり、大原則を知らない人は芳しくない結果が何度も続いてしまう転職活動――。

忙しい仕事の合間、スキマ時間を見つけながらの活動となる人も多いと思います。本書が皆様の成功のお役に立つことを、著者として心から願っています。

末永雄大

成功する転職面接　目次

準備編

2〈自己分析の方法〉

準備編

3〈情報収集のしかた〉

本番編

転職面接で、成功を勝ち取れ！

本番編

1〈職務経歴書の書き方〉

本番編

2〈そもそも転職面接とは？〉

本番編

3 〈面接本番のポイント〉

ブックデザイン　三森健太（JUNGLE）
本文イラスト　大野文彰
DTP　株式会社センターメディア
校正　株式会社鷗来堂
編集協力　高橋淳二（JET）
編集担当　梅津愛美（ナツメ出版企画株式会社）

準備編

転職面接に臨む、その前に!

戦略の立て方、自己分析の方法、
情報収集のしかた……
転職活動の成否の9割は
「準備」の質で決まる!

「現状への不満」は重要。でも、それだけでは必ず失敗する！

本章の冒頭でまずお伝えしたいことがあります。それは**「現状からの脱出」を大きな目的として転職活動を開始する人が非常に多い**ことです。そして私は、そのことをきわめて自然なことだと共感しています。

考えてみれば当たり前ですよね。「将来も安泰だし、職場も快適、自分もどんどん成長できる……今の会社に何の不満もない」と感じている人が、「転職しようかな」と思うわけがありません。この本を手に取ってくださった方は、多かれ少なかれ、現状に何かしらの不満を抱いている方です。そして、「面接を成功させたい」と思っている方のほとんどは、その思いが特に強い方だとお察しします。

ですから、「現状からの脱出」を試みようとすることは、ご自身の中に現状打破への意欲があるということの証であり、とても良いことだと私は考えています。

ただし、**それだけを目的に転職活動をおこなってしまうと、極端なほど真逆に走ろうと**

してしまう危険性があります。

例えば、「残業、残業の毎日はもうこりごりだ。仕事は何でもいいから絶対に定時に退社できる会社に移りたい」という思いで転職活動を始めたけれど、そのような条件で募集している会社はなかった。あるいは、幸いにも定時退社できる会社を見つけて転職できたけれど、**やりがいはまったく感じられず、それまでの自分の経験もまったく活かせない職場だった**――というケースです。

あるいは、「営業は二度とやりたくない。転職して事務職をやりたい」という声も、特に女性からよく聞きます。営業事務など、営業をサポートする立場に回りたいと言うのですが、よくよく話を聞いてみると、決まった商品をマニュアルのあるテレアポ営業で売ることに嫌気が差していた。「本当はもっと自分の裁量でお客様に提案をしたい。なのに、それが出来ない」というジレンマを抱えていた、つまり**違うスタイルの営業職に本当は就きたかったのに事務職に移ろうとしていた**――というケースもよくあるのです。

ちなみにこのような場合、私は「皆さんひと口に『営業』と言いますけど、業界や商材によってまったく違いますよ。もっと言えば、同業界・同商材でもまったく違う。シェアを争うライバル会社のA社とB社でも、営業のしかたはまったく異なりますよ」という話をします。「どのような営業をするか?」は、商材、社風、会社の歴史、客単価、顧客層、評価制度、報酬、勤務時間、上司のマネジメントスタイル……などの要因で変わってきます。1つとして**同じ営業など存在するわけがない**のです。

新卒の就職活動でできていたことができない状況

ところが転職活動には、状況において新卒の就職活動と大きな違いがあります。ほとんどの場合、**今の会社で忙しく仕事をし、疲れ果てながら、なんとか時間をやりくりしておこなう**可能性が高いことです(新卒の就職活動が決してラクだとは言いませんが)。特に、「会社が長時間労働だ」「上司や同僚との人間関係に常に悩んでいる」などの不満を抱えている場合、心も身体も相当疲れ、感情的になっていることでしょう。

ただし! そのような心身共に疲れ果てた状態でおこなう転職活動では、**新卒の就職活動では意識できていたはずのさまざまなことができなくなっている**(冷静な分析・判断ができなくなったり、表情がきつくなったり、物言いがぞんざいになったり……)危険性が高くなるのです。そのままの状態で面接に臨んだところで、残念ながら採用通知をもらうことは難しいでしょう。

また、採用する企業側も、面接で「とにかく今の会社はひどいんです! だから辞めたいんです！」と訴えてくる人を積極的に採用しようと思うでしょうか？　冷静に考えればわかりますよね。

大事なことなので何度も言います。転職のきっかけが「現状からの脱出＝ネガティブな理由」となるのはきわめて自然なこと。けれども、それだけを目的に転職活動をおこなっても失敗します。転職市場の現状を知ったり、転職活動における自分自身の軸を見出したり……といった**「準備」が必要となる**のです。

転職は忙しく、疲れ果てた中でおこなう可能性が高い。
そんな状況で間違いのない判断をして人生を
成功に導くには、しっかりと準備する必要がある

転職者が必ず犯す、「鉄板の勘違い」とは？

では、企業の立場になって、「新卒採用」と「中途採用」の違いについて考えてみましょう。

特に大きな違いは、新卒は「ポテンシャル採用」、中途は「経験採用」であることです。「そんなこと当たり前じゃないか」と感じる方も多いと思うのですが、実際の転職活動になると、この「当たり前」を忘れた転職活動をして結果が出せない人が非常に多いのです。

まず、**新卒採用は「ポテンシャル採用」**です。「文系なので理系職種に応募してもエントリー段階で落とされる可能性が高い」「経営や経済に関する学部の出身でなければ金融機関にエントリーしても通過しにくい」など、ある程度の制約はあると思いますが、「その学生が社会でどれくらい活躍できるかは未知数」という大前提のもと、「入社してから自分たちで育てていこう」という方針で企業は採用活動をおこなっています。最近では、学歴不問をうたう企業も増えています。ですから、**新卒採用では、さまざまな業界・職種の募集に応募でき、実際に採用される可能性がある状況**です。

ポテンシャル採用と経験採用のちがい

●新卒はポテンシャル採用

●中途は経験採用

エントリーの段階で、しっかりとはじかれる

それに対して、**中途採用は、何かしらの就業経験を持った人たちを対象にしているので「経験採用」**です。「こういう経験を持った人を探しています」ということが非常に明確です。

……と書いてきましたが、ここまで読んでも大半の人は「そんなこと当たり前じゃないか」と感じるはずです。

勘違いが起こるのは、ここからです。いざ転職サイトなどに登録すると、さまざまな業界・職種からの募集情報が無数に送られてくるからです。

現在、業務用ＯＡ機器の営業職に就いているのに、転職サイトに登録した途端、ＩＴ、マスコミ、金融、商社、官公庁……などあらゆる業界の募集情報が届いたらどう感じますか？「自分はどんな業界にも転職できる！」と思いませんか？　現職の転職エージェントの立場からはっきりと言わせてもらいます。どんな業界・職種にも転職できる――そんなことは絶対にあり得ません！　**新卒採用とは比べものにならないくらい、厳しく狭き門**です。エントリーの段階で、しっかりとはじかれてしまうのです。

「今の場所からコッチへは行けるよ。でも、アッチへは行けないよ」ということが、中途採用では非常に明確なのです。私が「はじめに」（2〜9ページ）で「転職は〝出来レース〟である」

と表現したのは、このことが大きな理由です。この身も蓋もない事実を、転職希望者はまず認識する必要があるのです。

では、今いる場所から、コッチではなく、アッチに行きたい人はどうすればいいのでしょうか？　あきらめるしかないのでしょうか？　そんなことはありません。

そこで必要となるのが**「何度か転職を重ねる中で必要なハッシュタグ（知識や技能）を手に入れ、希望する仕事に近づいていく」**という中長期的視野での戦略です。ハッシュタグを手に入れる方法に関しては、後ほどくわしく解説（37〜41ページ）します。

転職活動はアッチにもコッチにも自由に行けるほど甘くはない。
何度か転職を重ねる中で必要な「ハッシュタグ」を手に入れながら
人生を望む方向に変えていくべき

20代の転職と30代の転職。両者の「決定的な違い」とは？

また、20代の転職活動、30代の転職活動、それ以降の転職活動の違いについても、ここであらためて確認しておきましょう。

20代の転職活動の場合、それまでとは異なる業界への転職希望が大半を占めます。「アパレルで働いていたけれど、IT業界に移った」「自動車メーカーにいたけれど、家電メーカーに転職した」などです。同業界転職のケースは、20代の転職の場合、非常に少ないのです。理由は個人によってさまざまですが、「初めて選んだ会社だったが、想像していた世界と違った」というミスマッチが大きな理由と言えます。

ところが、30代になると、それまでと同じ業界への転職希望割合が増えてきます。なぜなら、転職をする側は「業界での知識や経験を売る」、また採用する企業側は「業界での知識や経験を買う」と、お互いのニーズがマッチしていくからです。また、同業界だけでなく、同職種という点からも、これは言えます。経理としての経験値を高めた人材が、違う業界の経理職、つまり「異業界の同職種」に転職することは珍しくありません。

40代以降になれば、経験採用、つまり「同業界・同職種」への転職の度合いは30代よりもさらに高くなります。

難しいポイントを理解した上で戦略を練ろう

20代の転職と30代の転職。それぞれに難しさは異なります。

まず、20代から。「新卒の会社に数年勤めた後、20代でそれまでとは異なる業界に初めて転職するAさん」を例に考えてみましょう。

社会人としての経験は数年、しかも異業界への転職です。面接相手は、Aさんの業界のことをあまりよく知りません。また、経験といっても、社会人となって数年の経験は強力なものとは言いがたいのが正直なところです。にもかかわらず**「異業界で経験した自分が、この会社でなぜ活躍できるのか?」という説得力のある答えを用意し、相手に示す必要**があるわけです。そこに20代の転職活動の難しさがあります。

20代と30代の転職はココがちがう

●20代転職は・・・

「なぜ活躍できるのか？」の説得が難しい

●30代転職は・・・

「自分のニーズと合致する企業」を探すのが難しい

次に30代です。「新卒の会社に10年勤めた後、30代でキャリアアップを狙って同業界に転職するBさん」を例に考えてみましょう。

同業界としての経験を10年積んできているので、面接相手には「即戦力」となることを期待されています。採用基準が高く、間口が狭くなっている可能性があります。ですから、**自分のニーズと合致する企業をうまく探し出す必要**があります。30代の転職活動の難しさはそこにあります。一般的には、年齢を重ねるほど面接を受け付けてくれる企業の数は(転職サイト上は減っていなくても実際には)減っていきます。

20代の転職、30代の転職、それ以降の転職……戦略を練らずになんとなく転職活動をおこなってしまうと、面接で難しい局面に直面したときに、乗り越えることができません。だからこそ、しっかりとした戦略が必要なのです。

20代は「なぜ異業界でも活躍できるか?」の答え、
30代は「自分のニーズと合う企業」を探すプロセス。
難しさのポイントがそれぞれで異なる

「10年後のありたい姿」を具体的に想像したことがあるか？

私は物事を分解して考えることが好きです。ですから、私たちを頼ってくれる転職志望の方々に転職活動の構造を理解してもらうために、よく次ページの図（32〜33ページ参照）を描いて説明しています。「転職活動の戦略を立てる」ということは、すなわちこの図の要素Ⓐ〜Ⓕを埋めることなのです。

Ⓐ……今後（例えば10年後）のあなたのありたい姿（そうなりたい理由も添えて）
Ⓑ……あなたの現状
Ⓒ……ありたい姿（Ⓐ）と現状（Ⓑ）のギャップ
Ⓓ……ギャップ（Ⓒ）を埋めるためのアクションプラン
Ⓔ……面接先企業の特徴
Ⓕ……志望動機（ⒹとⒺの重なった部分）

順番としては、Ⓐ→Ⓑ→Ⓒ……とアルファベット順に考えていくことが理想です。Ⓐ～Ⓓを考えた後、初めて「転職すると良さそうな企業はどこだろう？」と具体的に検討するのです。

まずはⒶの「将来のありたい姿」から考えてみる

ファーストステップは、Ⓐの今後（例えば10年後）のあなたのありたい姿（そうなりたい理由も添えて）です。

Ⓐ～Ⓕの答えを見つける作業は、〈自己分析のしかた〉（64～73ページ）でお手伝いをします。まずは、**「今後（例えば10年後）に自分がどんな1週間を過ごしていたいか？」**（どんな空間で、何時から何時まで、どんなお客さんを相手に、どんな仲間と、どんな業務内容で仕事をしていたいか？　そしてオフタイムはどんなふうに過ごしていたいか？）を、なんとなくで良いので楽しくイメージしてみてください。それが、あなたが転職という手段を通じて目指したい針路なのです。

A **今後（たとえば10年後）のあなたのありたい姿**

D **ギャップ©を埋めるためのアクションプラン**

➔ 営業経験を積む
マーケティング経験を積む

||

ハッシュタグを
得る努力

F **志望動機**

E **面接先企業の特徴**

➔ ビジネスモデル、仕事内容、
カルチャーなど

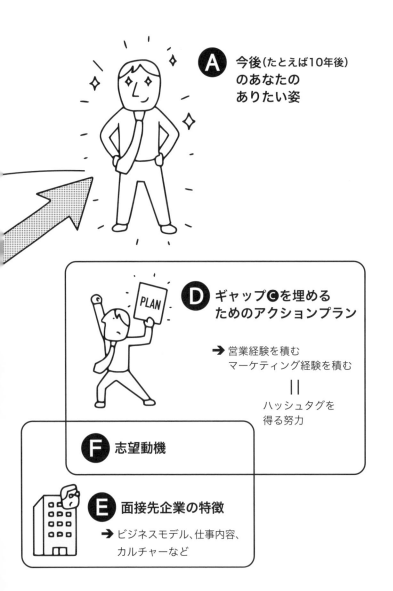

キャリアビジョンの構造図

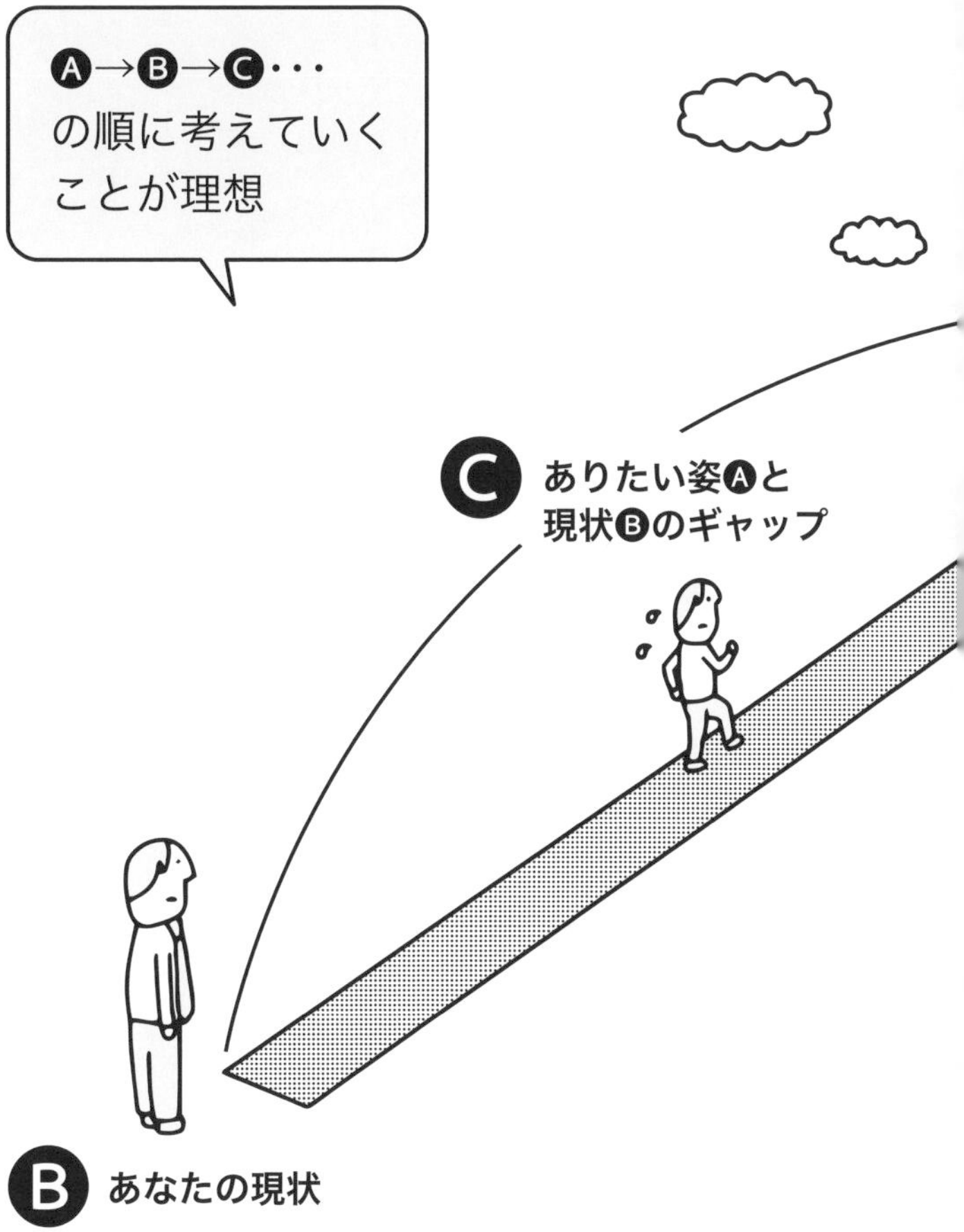

5つのうちどれがいちばん自分にしっくりくるか？

ちなみに、私は会社に勤めるビジネスパーソンにとって「10年後もなくならないであろうキャリア」は、次の4つのいずれかに収れんされていくと考えています。

1／プロフェッショナル……コンサルタント、企業法務の弁護士や会計士など。専門性を武器に、自分が先頭に立ち、顧客の抱える難易度の高い問題の解決にあたる存在

2／スペシャリスト……CTO（Chief Technology Officer または Chief Technical Officer／最高技術責任者）、CFO（Chief Financial Officer／最高財務責任者）、CMO（Chief Marketing Officer／最高マーケティング責任者）、CHRO（Chief Human Resource Officer／人事最高責任者）など。1のプロフェッショナルに近いが、企業の内勤スタッフとして専門性を発揮する存在

3／マネージャー……部長、課長などのマネージャーは、組織を運営し、事業戦略を遂行する存在

4／プランナー……新規事業の立ち上げ担当、新規企画の立案担当など。ゼロから1を生み出す存在

この4つは企業に勤める場合のキャリアですが、これ以外に**「5／アントレプレナー（Entrepreneur／起業家）」**というキャリアも存在します。

5つのキャリアのどれを目指す？

ただし、「個人事業主か？」「中小企業のオーナーか？」「上場を目指すベンチャー企業の経営者か？」で、仕事の中身はまったく異なります。

「プロフェッショナルか？／スペシャリストか？／マネージャーか？／プランナーか？／あるいは会社勤めをやめ、アントレプレナーとなるか？」

この5つのフレームを有効活用しながら「今後（例えば10年後）に自分がどんな1週間を過ごしていたいか？」のイメージを固めてみると良いでしょう。その際、「なぜそのキャリアを目指したいのか？　その原体験となったものは何か？」を考えることも重要です（くわしくは64～73ページの〈自己分析の方法〉で解説します）。

32～33ページに掲載したキャリアビジョンの構造図を使って、まずは「自分の将来ありたい姿」から考えてみよう。

図のⒶ～Ⓕを埋めると軸のブレない転職活動ができる

「ハッシュタグ」を集めながら、すごろく感覚で近づいていけ

前項で「今後（例えば10年後）に自分がどんな1週間を過ごしていたいか？」を想像してみるという話をしました。1度の転職で、一気に自分のありたい姿を実現できれば、こんなに楽なことはありません。

けれども、転職市場はそれほど甘くはありません。「異業界への転職」が大半を占める20代の転職の場合などは、特に厳しい現実が待っています。

そんな厳しい現状で有効なのが、**「何度か転職を重ねる中で必要なハッシュタグ（知識や技能）を手に入れ、希望する仕事に近づいていく」**という考え方です。

アパレルメーカーの副店長を務めるAさんの例を挙げながら説明していきます。ハッシュタグを手に入れていく感覚を理解していただけたらうれしいです。

〈アパレルの副店長Aさんの場合〉

大学を卒業し、あるアパレルメーカーに新卒採用されたAさん。ショッピングモール内の店舗に配属されて2年。**副店長**として働いている。

10年後のありたい姿を想像してみたところ、**「有名ファッションブランドのマーケティング責任者になって活躍していたい」**だった。

だが、入社2年の経験でいきなり有名ファッションブランドのマーケティング責任者になれるわけなどない。採用募集を見つけて応募したところで、採用される確率はゼロだ。

そこでAさんは、「有名ファッションブランドのマーケティング責任者になるために必要なハッシュタグ（知識や技術）を少しずつ手に入れよう」と決めた。

ここで非常に重要なのが、**仕事の中身を「分解して具体的に理解する」というプロセス**だ。「有名ファッションブランドのマーケティング責任者」という言葉を分解し、ハッシュタグ化してみる。「#ファッション／#販売・営業／#有名ブランド／#マーケティング／#責任者」ということになる。その1つひとつを自分の現状と照らし合わせてみる。

「#ファッションと#販売・営業（ファッションの販売に関する知識や技能）は、この2年間で手に入れられたかも」

「#有名ブランド（有名ブランドに関する知識や技能）は、まだ入手できていないかな」

「#マーケティング（マーケティングに関する知識や技能）は、まだまだだな。対面接客ばかりでここは手つかず。しかも、ウェブマーケティングのことも知らないといけないな」

「#責任者（責任者に関する関する知識や技能）は、副店長の経験はあるけれど、もっとたくさんの人たちをマネジメントできる必要があるな」

……といった現状分析ができた。

そこでAさんは考えた。**「自分が今最も足りないのは、#マーケティング、なかでもウェブマーケティングの分野なのでは？」**と。そして、「アパレル業界でWEBマーケティングに精通しているとすごく貢献できるのでは？」とも。

その結果、次の転職では#マーケティングのハッシュタグを手に入れるため、特に成長性が高いWEBマーケティングの会社をあたることにした。洋服とWEBマーケティングの違いはあるけれど、「モノを売ってきた」という2年間の経験は武器になるはず。そこで、「ファッション販売」という自分のハッシュタグを差し出すという意味で、WEBマーケティング業界の中のさまざまな職種の中から「営業職」を選んで応募することにした。

さらにこんな戦略も立てた。「3年間頑張って#マーケティングのハッシュタグを手に入れて、次は#責任者のハッシュタグを手に入れられる会社に移ろう」と……。

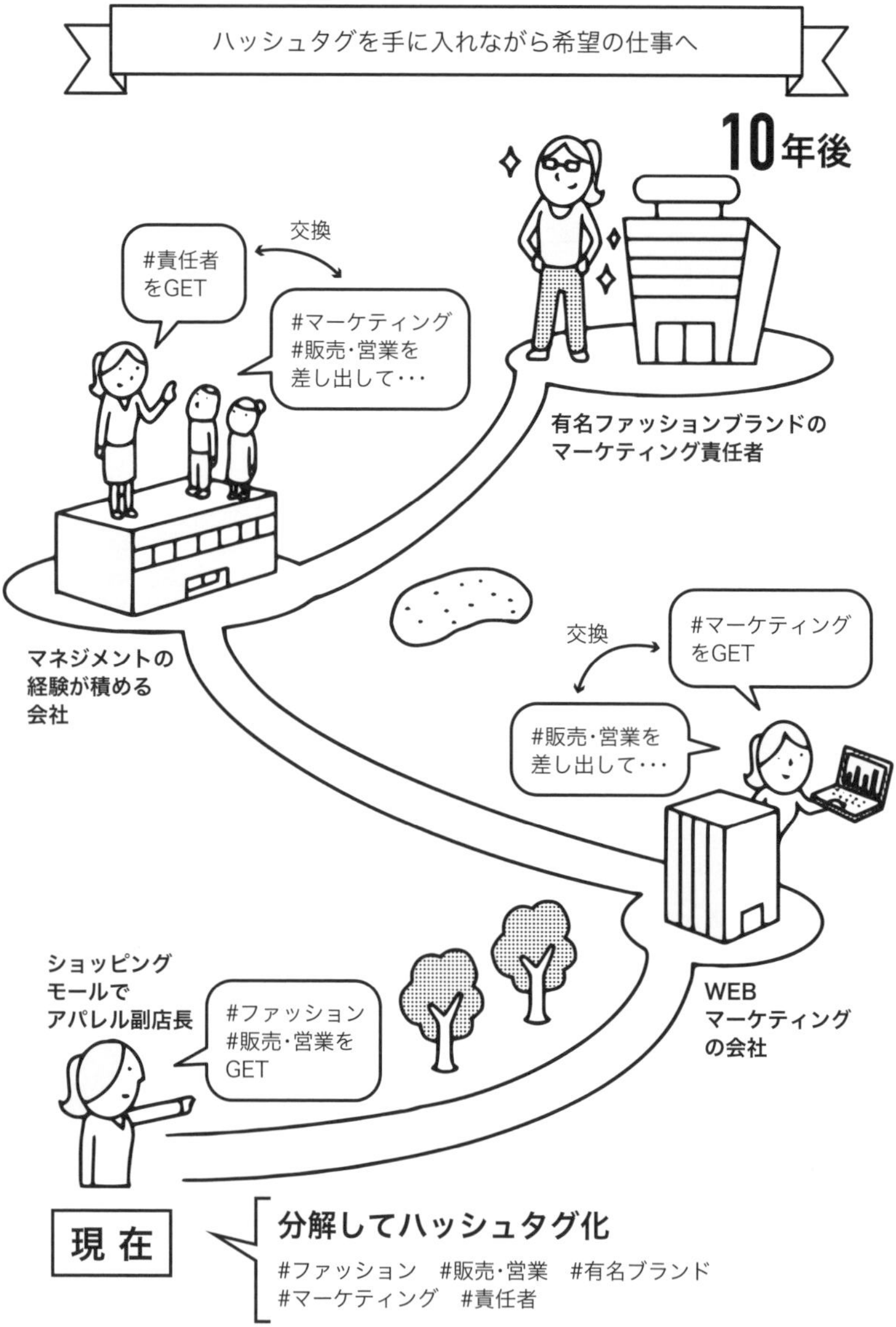
ハッシュタグを手に入れながら希望の仕事へ
10年後
有名ファッションブランドの
マーケティング責任者
交換
#責任者
をGET
#マーケティング
#販売・営業を
差し出して・・・
マネジメントの
経験が積める
会社
交換
#マーケティング
をGET
#販売・営業を
差し出して・・・
WEB
マーケティング
の会社
ショッピング
モールで
アパレル副店長
#ファッション
#販売・営業を
GET
現在
分解してハッシュタグ化
#ファッション　#販売・営業　#有名ブランド
#マーケティング　#責任者

いかがでしたか？

経験2年のアパレルの副店長が、誰もがその名を知る有名ファッションブランドのマーケティング責任者として採用される可能性は、普通に考えると（他に適役がたくさんいるでしょうから）ゼロです。新卒であれば競争相手は同じ未経験者の学生でしたが、中途市場においては、マーケティングのハッシュダグを持った経験者が競争相手になるのですから、経験のない自分よりもそちらが選ばれるのは当たり前ですよね。

けれども、その仕事の中身を分解し、その仕事を遂行する上で必要なハッシュタグを中長期的な時間軸で1つずつ集めていけば、その仕事に就いて活躍することは十分可能なのです。

このハッシュタグを集めていく感覚を「すごろくみたいですね」と言う人もいれば、「ロールプレイングゲームでアイテムを集める感じですね」と言う人もいます。

転職を成功させる上で非常に重要な原則なので、ぜひ覚えておいてください。

すごろく感覚・RPG感覚で臨むことが大切。
何度か転職を重ねながら必要なハッシュタグ（知識や技能）を
手に入れて、希望する仕事に就ける自分になろう！

「センターピン」を立て、ブレずに転職活動をおこなおう

32～33ページで示したキャリアビジョンの構造図の流れにしたがって転職活動の戦略を立てていくと、

「転職活動を通して自分は何を目指しているのか？」
「そのためにどんな会社に入って活躍したいのか？」

といったことが自分の中でクリアに整理されていきます。転職活動における、ブレない軸ができ上がるのです。言うなれば、どうしても譲れない優先順位第1位の条件――これを私は**「〝センターピン〟が立った状態」**と呼んでいます。

センターピンがあると、特に3つの点で大きな効果を発揮します。その結果として、転職の成功率が飛躍的に上がります。

転職成功率がアップする3つの理由

1つめは、面接の評価が高くなること

志望動機が明確で、主張に一貫性が感じられるからです。「20代の転職は異業界転職が多い」と書きましたが、このような異業界転職の場合、

「なぜ新しい業界で活躍したいのか？」

「その原体験となるものは何か？」

という動機付けの部分は、新卒採用のときよりもさらに重要視されます。

2つめは、迷いが少なくなること

転職活動にはさまざまな局面（エントリーする、職務経歴書などの資料を作る、数度の面接を受ける、採否を告げられる、家族などに相談する、採用通知をもらった後に転職するか決断する、在籍中の会社に告げる……など）があります。「何のために転職活動をおこなっているのか？」が明確なので、「疲れているけれど結果を出すまでもう少し頑張ろう」と思えたり、「いろいろな意見があるけれど自分はこう決めたんだから」などと思え、難局を乗り切ることができるのです。

3つめは、優先順位が決まること

ごく当たり前なのですが、あなたのすべての希望条件を満たす転職先はありません。賃貸物件を借りるときも同じですよね。「駅近で、コンビニが近所にあって、日当たりがよくて、ベランダ付きで、バストイレ別で、キッチンが広くて、静かで、駐車場がついていて、管理人さ

んが常駐して……」と希望したい条件はたくさんあるかもしれませんが、すべてを満たす物件などないのです。

ですから、「その中で何を優先すべきか？　最終的に何を最優先すべきか？」を決めておく必要があります。センターピンが立っていれば優先条件が明らかなので、求人にエントリーをするとき、内定通知をくれた複数の会社から1つを選ぶときなどに、最良の決断を下せるのです。

忙しい中で転職活動をおこなうには、センターピンが大切。本書に掲載されているキャリアビジョンの構造図（32〜33ページ）を有効活用して、あなたのセンターピンを見つけてくださいね。

センターピンを立てて転職活動をおこなうと、
面接の評価が高くなり、迷いがなくなり、
人生で何を大切にしたいか優先順位も決まる！

なぜ「定着・活躍」の目安が3年間なのか？

「はじめに」（2〜9ページ）で、私は**「転職における成功」**を次のように定義しました。

①一定期間（目安は3年間）、その会社に定着できること
②定着期間中、その会社で活躍できること
③定着期間内に次のステップに進むのに必要な「ハッシュタグ」を手に入れられること

このように、「定着・活躍する期間」の目安を3年間としました。その理由は2つあります。

1つめは、**自分の希望する複数のハッシュタグをすべて入手できる職場というのは、ほとんど存在しない**からです。10年後のありたい姿を想像し、その仕事を分解してみると、複数のスキル＝ハッシュタグを併せ持った人だけが就けるポジションであることが大半です。ところが、そのすべてのハッシュタグを一気に獲得できる環境を探すのは至難の業。それならば、3年×3、つまり「転職先の3年間で1つのハッシュタグを入手しよう。そして転職して次の3年間で1つ、さらに転職して次の3年間で1つ、合計3つのハッシュタグを手に入れよう」と考えたほうが現実的だからです。

2つめの理由は、**世の中の変化が激しい**からです。市場の変化により主力商品・サービスが売れなくなるリスクはどの企業も抱えています。中小企業白書などによれば、企業の10年存続率はわずか10％とも言われています。「この会社はいいな。会社も成長しているし、居心地もいい。何十年も勤めたいな」とこちらが思ったとしても、5年後、10年後にその企業が存続しているかどうかがまったく未知数なのです。

変化への備えを前提に転職活動を考える

「3年」という目安は、転職エージェントとして長年仕事をしてきた私が、あくまでも主観で弾き出した数字です。けれども、時代の大きな流れ、転職市場のトレンドなどを考えると、きわめて妥当な数字だと思っています。

親などの近親者は、「何十年も勤められる、できれば退職まで勤め上げられるような安定した企業に入社したほうが良いのでは？」と言うかもしれません。また、転職活動は忙しい時間をやりくりしながらエネルギーを使うものなので、転職希望者の中にも「何度も転職したくないから安定した企業に入りたい」という感情が起こる人が多いことでしょう。

けれども、「安定した」というのは、その前に「今のところ」という注釈がつくのです。30年、

40年も安定して存続する企業に入社する――これは奇跡に近い幸運と考えましょう。また、その会社が安定していたとしても、その会社の中で自分が年齢とともに一定の地位を守り続けられるのか？　ライフステージが変化しても同じ職場環境に満足し続けられるのか？　上司とどうしても関係が悪く異動も難しく苦痛……など、といった自分側の環境や心境の変化もおおいに起こり得ます。ですから、変化への備えを前提に転職活動を進めたほうが成功できる確率は高まります。

なお、誤解のないように記しますが、私が言いたいのは「会社を3年で辞めて次の会社に移ろう」ということではありません。例えば、「マネージャー・リーダーとして活躍したい人がどんどん出世する」など、転職先で自分のありたい姿に近づいていけるのであれば、5年でも10年でも何十年でも在籍して良いと思っています。転職は「ありたい姿」に近づくための、あまたある手段の1つに過ぎないのですから。

私たちは変化の激しい時代を生きている。
「3年×3社」、つまり約10年で3つのハッシュタグを得る戦略を1つの目安として考えてみる

「How Much?」を重視し過ぎて失敗する男たち

ここで「転職と年収の関係」においても少し触れておきます。「年収アップ」という、非常に魅力的な言葉に惑わされる転職希望者が多いからです。

例えば、「長時間労働でやらされ仕事に感じる毎日から逃れたい」という理由で転職活動を始めたとしましょう。当初は、その軸に沿って転職先を探していたのに、転職サイトなどで「年収アップ」という言葉を頻繁に目にするたび、「やはり年収アップは重要だよね」となり、現状よりも年収がアップする会社を選んだところ、前よりも長時間労働をするハメに――。

あるいは、「今までのような個人向けの営業ではなく法人向けの営業経験を積みたい」という理由で転職活動を始めたとしましょう。その結果、希望どおりの法人向けの営業だが現状以下の年収となるA社と、今と同じ個人向けの営業だが年収が1・2倍になるB社から内定をもらった。そして、年収が1・2倍になるB社を選んでしまった――。

……といったことが起こるのです。単純に性別で区分はできませんが、男性にこの傾向が見られます。特に「そろそろ結婚を考えている」「結婚し、もうすぐ子供が生まれる」といった環境にある男性が年収を重視します。その気持ちは、個人的には十分に理解できます。

転職市場のリアルをお伝えします

ただし、20代の異業界転職の現状をリアルに伝えると、年収は**「現状維持がいいところで、下がることも十分あり得る」**と想定しておいたほうがよいでしょう。

20代の異業界転職は、未経験採用となります。「社会人経験のない新卒のほうがポテンシャルも高く、素直なのではないか」と考え、新卒者を重視する企業もたくさんあります。

にもかかわらず、求人広告でも、転職エージェントの広告でも、「年収アップ」という言葉が転職市場でやたらに目につきます。年収が上がるというのは目に見えてわかりやすいメリットであるため、転職希望者に刺さる、広告の反応率の高い言葉だからです。

そのため、つい「年収アップできる転職先はたくさんあるのでは？」と錯覚しがちですが、現実は違うのです。

年収アップを目的に次の転職先を探すのは、決して悪いことではありません。けれども、**異業界転職では37〜41ページで考えたように、「10年後のありたい姿になるために必要なハッシュタグ」を増やすことの方が重要であり、年収アップを狙うには、どうしても現在の自分が既に持っているハッシュタグで交換できる範囲に限られてしまう**ため、間口を極端に狭めてしまう可能性があります。

それよりも大事なのは、戦略です。**「一時的には年収が少々下がってもいい。必要となるハッシュタグを集めて、10年後には理想の年収を得られる存在になろう」**と考えたほうが良いと思います。

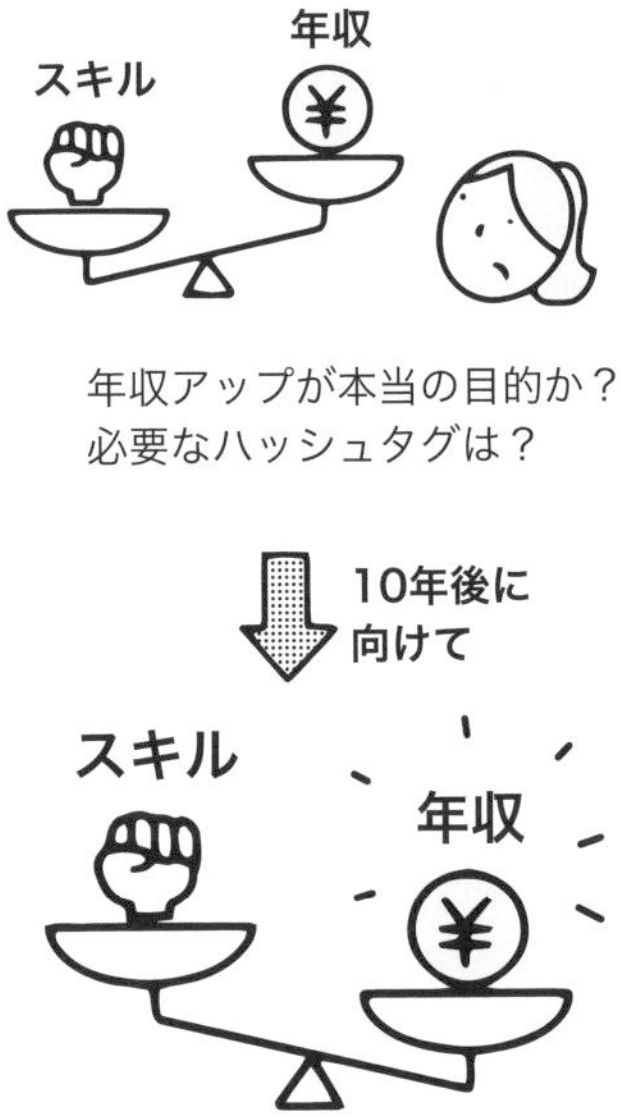

「年収アップ」という釣り文句だけで転職先を検討すると、
その転職活動は失敗に終わる可能性が高くなる。
中長期的に自分の価値を高められる転職先を選ぼう

「What?」を重視し過ぎて失敗する女たち

男性が「How Much?」=年収を重視し過ぎて失敗する傾向が見られるのに対し、女性の場合は「What?」=自分の好きを重視し過ぎて失敗する傾向が見られます。「好き」は仕事を選ぶ際の重要な要素ではありますが、それだけで突っ走ってしまうのは危険です。

よく見られるのは、**「その業界・業種に入ることで、5年後、10年後に自分がどうなっているかをしっかり想像せずに飛び込んでいく」**というケースです。

「昔から美容に関して強い興味があった。だから、思い切って美容業界に転職した」という人がいたとします。その結果、まったく異業界からの未経験者である自分を採用してくれたのが、あるエステサロンチェーンだったとしましょう。

ただ、未経験だったので学ぶことも多く、修業のような期間が何年も続いたとします。そこで、「思っていたのと違う」という悩みに直面してしまう人がいます。つまり、念願の美容業界に転職できたけれど、「年齢・年次が上がっていくが、給与が上がっていかない」「年齢とともに体力が落ちていくが、役割や働き方が変わらず30代を超えても続けていけると思えない」――といった悩みです。

かなりの期間働いてからそういった悩みに直面するのはもったいないこと。ですから、5年後、10年後といった長い時間軸でどのように働くか戦略を練ることは必要でしょう。

また、**「業界としては自分の好きにピッタリ当てはまっているのだが、自分に割り当てられた仕事（職種）はむしろ真逆だった（やりがいを感じられない）」**というケースもよく見られます。「昔から教えることに関心があり、大学時代に教員免許も取得した」という人がいたとします。学習塾が教室長を募集していたので、思い切って手を挙げた。ところが、いざやってみると、常に塾生集めのノルマに追われ、描いていた理想とはかけ離れていた――などです。

のちほど求人票の見方などについてくわしく解説します（114〜129ページ）が、「自分が担当する具体的業務は何か？　それは自分が体験し、身につけたいことなのか？」という視点で、さらに一歩踏み込んでリサーチしていく必要があるでしょう。

なお、わかりやすくイメージしていただくために、エステサロンと学習塾の例を挙げましたが、決して「こういう業界・業種はやめておいたほうがいいよ」と言いたいわけではありません。

ただ、教育、旅行、美容、海外・グローバル、スポーツなど、その単語自体が非常にポジティブな響きがあり、社会的意義を感じられる業界は、惹きがあります。そのため男女かか単に「憧れの業種・業界」というだけで飛び込まず、入社して数年後の自分の姿や日々の業務内容などをしっかりと想像しながら転職先を選ぶべき！

5年後、10年後を想像してとびこむこと！

わらず多くの人が憧れます。そこで「私のやりたいこと！」と思考停止をして飛び込むのではなく、入社して数年後の姿や日常の業務内容といった、よりリアルな想像を働かせると、心から「転職して良かった」と思えるのです。

育児休業をどう盛り込む？女性の転職戦略

ちなみに、女性の皆さんからはよく「出産・育児で数年間仕事を休む可能性がありますよね？　そういう状況で、女性は自分自身のライフプランをどう立てていくのが良いですか？」という相談を受けることがあります。

お一人おひとり状況や歩んできた経歴が違うので一概には言えません。ただ、ご自身が復職したいと思ったとき、「休職前にあなたが身につけた知識や経験を借りたい」と言われる立場であれば、元の会社あるいは別の会社に簡単に復職できるわけです。復職制度などの福利厚生が整った会社を探し、狭き門の中で内定を獲得するよりもよほど現実的です。

そこで、わかりやすい例として、就職活動中の女性や新卒入社して間もない女性などには**「復職時には、以前勤めていた会社の外注先になればいい」**という話をしています。

勤めていた会社の外注先——それはどういうことか？　2つの例を挙げます。

〈ケース1／キャリアアドバイザー職種の女性〉

1つめは、ある大手人材紹介会社で働き、キャリアアドバイザー職種として、たくさんの転職希望者と面談や転職支援をしてきた経験がある女性の例です。

出産を機に会社を辞めた彼女ですが、子育てが一段落し、仕事を再開したいと思いました。その際、声をかけてくれたのが元いた会社です。「働く時間やペースは選んでもらっていいので、面接業務をサポートしてもらえないか？」というのです。

業務内容は、その会社のクライアントである**さまざまな企業の面接代行**です。「社内から面接官を出したい、でも現場の要職を兼ねているメンバーに面接時間をそこまで割けない」という理由で依頼がある場合もありますが、「会社の要職を採用する面接なのだが、自分たちだけでは良い人材かどうか判断できない。ぜひプロに立ち会ってもらいたい」という依頼が主です。そういった依頼を受けると、面接官の一人として面接に参加するのです。非常に専門性の高い仕事として評価されています。

現在、彼女は、キャリアコンサルタントとして元いた会社と固定費プラス歩合給の契約を結び、面接代行業務を請け負っています。

業務量や業務時間は自分の都合で自由に受けられますが、自分の復職前の経験を十分に生かし、働く時間や量を自分である程度コントロールしながら、しかもかなりの高額年収を得ています。

〈ケース2／リスティング広告運用業務の女性〉

もう1つは、ネット広告代理店でさまざまな企業のリスティング広告運用業務を請け負っている女性の例です。

ウェブ上に広告を出したい企業はたくさんあります。けれども、ウェブ上の検索サイトはGoogleやYahoo!Japanもありますし、ＳＮＳもフェイスブックやインスタグラムなど多数あります。しかも、どんな属性の人に広告を見てもらえばもっとも反響があるのかも考えどころです。そんなとき、リスティング広告のプロが登場します。例えば企業から月間１００万円の予算を渡され、「どの媒体にどれだけ配分するか？　そしてどんなキーワードに反応している人に広告を打つか？　そのあたりはすべてお任せするので最も効果的なものにしてほしい」という形で託されるのです。

ウェブ上の広告枠は、誰でも自由に買えます。誰でも気軽に始められる仕事ですが、「大きな予算を任されて試行錯誤した経験値があるかどうかで、効果の出方に大きな差が出るのです。彼女は以前、大手ネット広告代理店企業に勤め、社内業務としてリスティング広告の運用を担当していました。そのため、他に勝る圧倒的な経験値を持っていたわけです。

その彼女が、仕事に復帰する際、昔勤めていた会社から外注としてリスティング広告運用業務を請け負うことになりました。報酬は、予算の20％が報酬と言われているようですから、100万円の予算を託された場合、80万円を広告費として最適投入し、20万円を報酬として受け取ることになります（※クライアントから直接受けた場合の手数料。代理店から請け負う場合は、予算が大きくなっても月額20～30万円程の可能性はあります）。

また、この仕事は知識と経験が必要ですが、実は作業時間はそれほどかかりません。月初に最適投入し、月末に結果を報告し次月の方針を話し合う――といった感じです。そのため、彼女は今、元いた企業だけでなく、複数の企業からリスティング広告業務を請け負っています。

2つの例はあくまでも一部ですが、「元いた会社から子育て後に仕事の依頼を受ける」というイメージを持つだけで、仕事のやり方、身につけたい経験や知識の中身が大きく変わってきます。また、このような外注として発注をもらえるだけの専門性を得ておけば、「外注としてではなく、元いた会社、あるいはどこかの会社に入社したい」と思った場合でも復職しやすくなります。

以前勤めていた会社の外注先に！

ケース1　**面接代行**

ケース2　**リスティング広告運用業務**

「元いた会社から仕事の依頼を受ける」というイメージでキャリアを積み重ねておくと、結婚・出産・子育て後の復職もしやすくなる

転職市場で最強なのは「無形商材の法人営業」

〈戦略の立て方〉の最後に、転職市場の一般的な判断基準について触れておきます。

それは、

「有形商材を扱っていた経験よりも、無形商材を扱っていた経験のほうが評価が高い」

「個人を顧客にしていた経験よりも、法人を顧客にしていた経験のほうが評価が高い」

ということです。

これは職種としては、営業職を前提としています。多くの方にとっては、明確な専門性を持っており、それを生かした転職というよりは、特段の専門性がなかったり、未経験での転職となることがほとんどではないでしょうか。その場合、なんだかんだ営業職が未経験からスタートする上では現実的な選択になることが多いと思います。

この未経験からキャリアをスタートする際に、営業として商材と顧客に着目して選択できるかでその後のキャリア選択に大きな差が開いてしまうのです。

目に見えないモノを売るほうが評価されやすい

有形商材とは、洋服、車、コピー機など、「目に見えるモノ」のことです。それに対して無形商材とは、サービスなど「目に見えないモノ」のこと。顧客の困りごとを理解し、その顧客に最適な解決案を売る――というイメージです。人材採用や広告であったり、ＩＴシステム開発の提案などは、無形商材にあたります。

有形商材を売っていた経験よりも無形商材を売っていた経験のほうが市場価値が高いのはなぜか？　有形商材の場合、「モノが良いから売れた可能性があるよね？」あなたの接客力・営業力で売れたかどうかはなかなか判断しづらいよね？」という面があるからです。それに対して**無形商材の場合、「困りごとを察知して解決提案できたから売れたんだよね？」と評価してもらいやすい**（実際には商品やサービスが良いから売れたのかもしれませんが）面があるのです。

また、個人を顧客にしていた場合よりも法人を顧客にしていた経験のほうが市場価値が高いのはなぜか？　**法人営業で相手にするのは、決裁担当者など企業である程度の権限を持った人物であることが多いからです。**中小企業などではトップに会うこともあります。

転職市場は有形より無形、個人より法人
有形
洋服、薬、リース商品など
目に見えるもの
無形
目に見えない悩みの
解決など
個人
個人の顧客
法人
会社、組織など
無形商材の
法人営業が最強

ほとんどの場合、相手は年上ですから、コミュニケーションを成立させるために自分の知識や教養を磨かざるを得ません。また、一般的に扱う商材の単価が大きく、そこで「買おう」と決断してもらうためには、クライアントである会社・組織にとって合理的な提案ができる、総合的な営業力が必要です。転職市場では、そのように判断するわけです。

転職市場で評価が高いということは、「多くの企業がそのような経験を積んだ人物を採用したがっている」ということ。つまり、無形商材の法人営業を経験した人物は、転職先を考える際、「あそこも、ここも」と選べる立場になれるのです。

無形商材の法人営業職の場合、「3年間の期間限定契約社員」などの条件で募集していることも多いです。その条件だけを見ると、「期間限定だし、契約社員だし、全然条件が良くないな」と見えるかもしれません。けれども、モノの捉え方によっては、そしてリアルな転職市場では、決して悪いものではないのです。

また、無形商材の法人向け営業はもう1つメリットがあります。**その営業経験を積み上げておくと、業界・商材に関する知識など専門性が高まり、クライアントサイドの専門職からの引き合いも得られるようになるのです。**

例えば人材紹介の法人営業だとすれば、クライアントサイドの事業会社の人事採用職、広告代理店の営業だとすれば、クライアントサイドの事業会社のマーケティング担当などから引き合いを得られて、営業職から専門職へのキャリアパスも開けてきます。

有形よりも無形、個人よりも法人――この原則は知っておいて損はないと思います。

もちろん、「自分は個人のお客様に対して形あるモノを売り続けたい」という思いを否定するつもりはまったくありません。ただ、転職市場のリアルを知り、自分の価値を早めに理解しておけば、「何十年も仕事をしているのに、なぜ自分の価値がまったく上がらないのか……」という思いにさいなまれることはなくなります。

有形よりも無形、個人よりも法人――。
この原則を知っていると、
「自分の価値がなぜ上がらないのか？」が解明しやすくなる

「なぜ？」を3回繰り返し、自分の転職動機を深掘りする

自己分析は、「将来的に自分のありたい姿」と「面接で自分が面接官に話す志望動機」までを一気通貫させるためにおこないます。自己分析することで、ブレない転職活動をおこなうことができ、ひいては「転職して本当に良かった」という結果を得ることができるわけです。

〈プロセス1／「自己分析シート」で自分を深掘りする〉

そこでまずは、私の経営するアクシス株式会社で転職エージェントたちが実際に使っている「自己分析シート」の質問項目を掲載します。5つの質問項目があります。

コピー用紙やノート、そしてペンを1本用意し、各質問に対する自分自身の答えを書き出してみてください。

以下の質問にそれぞれ回答してもらいます。注意点として、回答に対して、さらに「なんで？　なんで？」「具体的に言うと？」と自ら2段階、3段階ほど質問を繰り返し深掘りをお願いします。

①今回なぜ転職活動を開始されようと思ったのですか？

②なぜ現職（離職の方は前職）を選ばれたのでしょうか？　その際にはどういった基準で企業を選定されたのでしょうか？　その理由も教えてください。

③転職先を選ぶ上で、どういった観点・方向性で企業・仕事を探しているのですか？　また、それはなぜですか？（業界・職種など）

④転職先の選定要件を3点挙げるとしたら、それはなんですか？　またその理由も教えてください。（年収、社風、仕事のやり方など）

⑤今回の転職で実現したいことはどんなことでしょうか？

いかがでしょうか？　うまく回答できたでしょうか？

これら5つの質問は、個別最適で回答しても意味がありません。地続きに回答をしているか、PDCAサイクルを回せているかをチェックするための質問だからです。

本来は①→⑤の順番というよりも、時間軸でいうと**「②→①→⑤→④→③」が正しい順番**なのです。

これまでの意思決定の経緯を把握し、反省と改善ができているか？　それを踏まえて今回の転職の方向性を定められているか？　5つの質問は、こういった点を整理・チェックするためのツールなのです。

例えば、①、②、④の質問に対して、次のような回答をした人のことをあなたはどう思いますか？　客観的に見ても違和感を覚えませんか？

①今回なぜ転職活動を開始されようと思ったのですか？

回答／思った以上に官僚的な組織で自己に業務裁量がない点、また5年目、10年目の先輩や上司を見ても、今の自分がやっていることとそこまで変わらず、成長していけるイメージが持てず、よりスピーディーに20代から成長できる環境に転職したいと思ったため。

②なぜ現職（離職の方は前職）を選ばれたのでしょうか？　その際にはどういった基準で企業を選定されたのでしょうか？　その理由も教えてください。

回答／新卒ではせっかく高学歴なK大学を卒業させてもらった手前、親に安心してもらう意味も含め、また潰れることはないだろうと大手金融機関を中心にエントリーし、一番はやく内定を得られた現職に入社をしました。

④転職先の選定要件を3点挙げるとしたら、それはなんですか？　またその理由も教えてください。（年収、社風、仕事のやり方など）

回答／1年収アップ

2会社の基盤や安定感

3より若くしてスピーディーに成長できる環境

ところが、面接の現場では、こんな回答をしている人が意外と多いのです。では、面接官の目線でこの回答を評価するとしたらどうでしょう？

違和感の正体。それは「よりスピーディーに20代から成長できる環境に転職したい」と口では言いながら、実は心の中では新卒で1社目を選択した理由（親に安心してもらう、潰れることはないだろう……など）と同じような理由で転職活動をおこなってしまっているからです。つまり、口で言っていることと実際に思っていることがブレてしまっています。

面接でこのようなことを言えば百戦錬磨の面接官は、

「親に安心してもらう、潰れることはないだろう……といった理由で会社を選んだから、今の会社で官僚的な組織で自己に業務裁量がなく、成長していけるイメージが持てないんじゃないの？　それなのにまた同じ理由で転職活動をしても失敗するに決まっているよ。この人は反省や原因究明ができない人なんじゃないか」

とすぐに見抜きます。

こういったことに気が付かず自ら改善できないと、転職したとしてもまた同じようなプロセスで同じような会社を選択してしまい、結果、環境や課題は変わらずに不満を抱えて退職・ミスマッチしてしまうリスクが高いですよね。

また、面接官から見ても、うちに転職・入社しても、またすぐに不満を抱えて辞めてしまいそうだな……と思われてしまいます。

1つひとつの質問に対して、それらしく聞こえる模範回答をすれば良いわけではありません。面接は、クイズの解答とは異なります。**面接官は「質問に対するさまざまな回答が、独立した『点』ではなく、『線』としてしっかりつながっているか？」「きちんと自分の意思決定や選択に責任を持っているか？」「たとえ失敗したとしても、なぜその失敗が起きたのかを他責にせず、自らの選択ミスの問題と受け止め、原因究明をして、次にきちんと活かそうとしているか？」というところを必ず見ているのです。**

自己分析をせずに転職活動をすると大失敗する！

また、多くの方は、そもそもこういった自己分析シートを活用せずに、むしろ①→③とか①→④だけを論理飛躍して考え、求人選びや転職活動を進めてしまうために失敗してしまうのです。例えばですが、

①今回なぜ転職活動を開始されようと思ったのですか？

回答／専門商社で大きなお金を動かし扱ってきたのですが、自分が何の役に立っているのか手触り感や成長感を味わえず、転職を決意しました。

③転職先を選ぶ上で、どういった観点・方向性で企業・仕事を探しているのですか？　また、それはなぜですか？（業界・職種など）

回答／学生時代から憧れていた広告業界にチャレンジしたいと思います。

1つひとつの質問・回答だけを点で見れば問題ないかもしれませんが、①と③を地続きに線や文脈を持って見てみると、なんの脈略やロジックもないと思いませんか？

あるいは、

①今回なぜ転職活動を開始されようと思ったのですか？

回答／思った以上に官僚的な組織で自己に業務裁量がない点、また5年目、10年目の先輩や上司を見ても、今の自分がやっていることとそこまで変わらず、成長していけるイメージが持てず、よりスピーディーに20代から成長できる環境に転職したいと思ったため。

④転職先の選定要件を3点挙げるとしたら、それはなんですか？　またその理由も教えてください。（年収、社風、仕事のやり方など）

回答／1年収アップ

2会社の基盤や安定感
3より若くしてスピーディーに成長できる環境

という形で前述した事例のように、脈略がなかったり、過去の選択に関する反省・改善が回せていないようになってしまうのです。

冒頭でお伝えした通り、「②→①→⑤→④→③」の順番できちんと流れに沿って、振り返りや反省をおこない、改善点を次の選択に活かしていける姿勢を示せるかが、あなたが転職で二の足を踏むことがなく、また面接官からも評価を得られるコツなのです。

〈プロセス2／「自己分析シート」で書き出した回答を「キャリアビジョンの構造図」で整理〉

「自己分析シート」の①～⑤の質問により、転職におけるあなた自身の思いが書き出されました。次は「キャリアビジョンの構造図」（32～33ページに掲載。再掲）で整理してみましょう。

Ⓐあなたは今後（例えば10年後）、どんな仕事をしていたいですか？　例えばどんな1週間の過ごし方をしていたいですか？　そうなりたい理由も添えてください。また、それにはどんなハッシュタグを集める必要があるでしょうか？

Ⓑあなたが現状持っているハッシュタグはどのようなものですか？

Ⓒ今後（例えば10年後）のありたい姿になるために、あなたに足りないハッシュタグは何ですか？

Ⓓ足りないハッシュタグを手に入れるためには、どのような環境で仕事をすれば良いと思いますか？

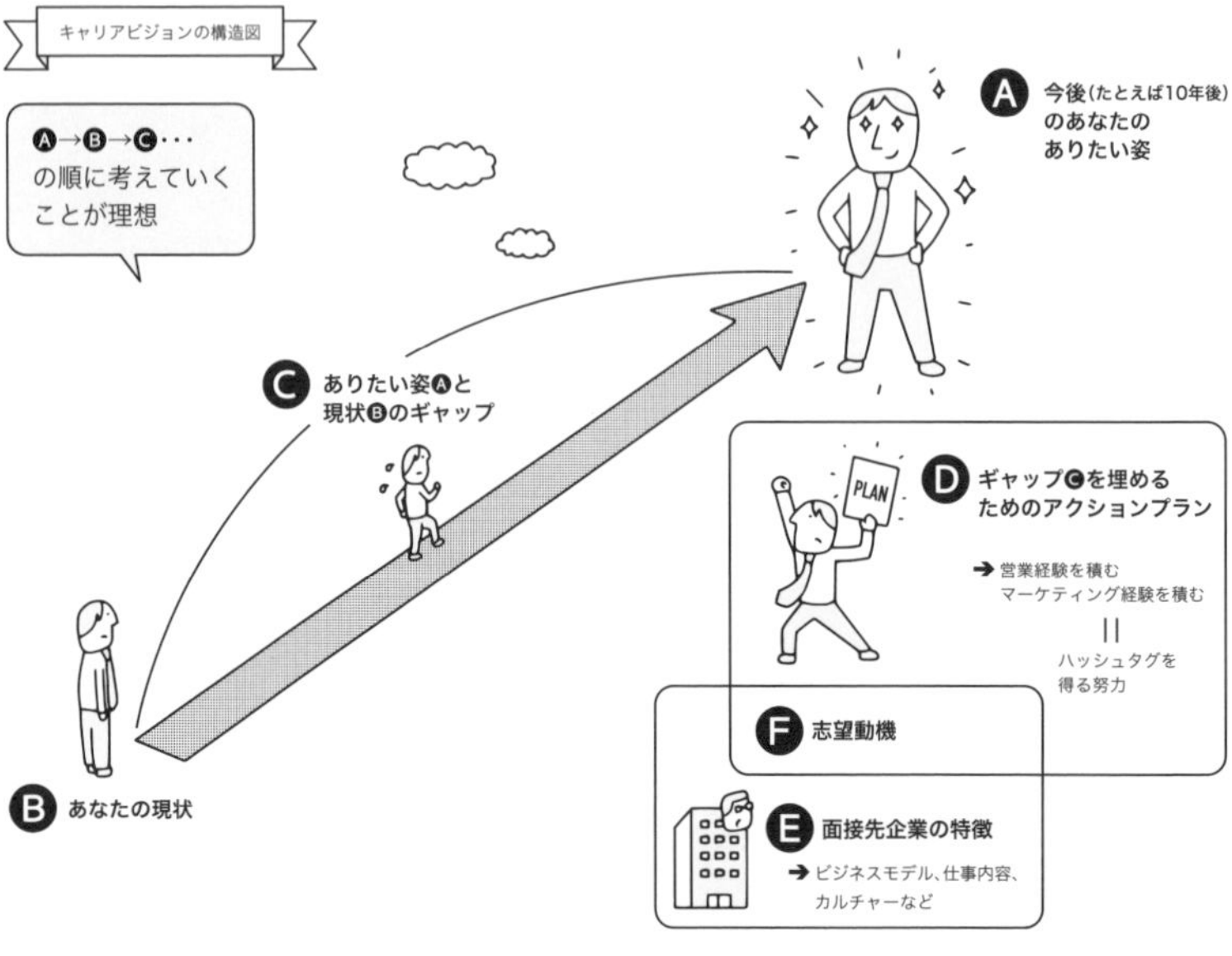

いかがでしたか？「自己分析シート」①～⑤の質問項目にしたがって自分の思いを書き出し、「キャリアビジョンの構造図」のⒶ～Ⓓに落とし込む形で整理すれば、面接本番に使う「自分だけの言葉」がきっと見つけられるはずです。

自己分析シートで転職理由をはっきりさせ、
その上でキャリアビジョンの構造図に落とし込んでみる。
そうすればブレない転職活動ができるはず

転職活動のチャネルは全部でいくつあるのか？

転職活動をする際、転職希望者は、求人情報を得られるチャネルにアクセスすることになります。企業は自社の目的や目標に応じてチャネルを使い分けながら求人応募をおこなっているからです。

では、求人情報を得られるチャネルは、全部でいくつあるかご存じですか？　正解は、

①縁故
②企業のコーポレートサイト
③求人サイト
④ハローワーク
⑤転職エージェント

の5つです。これらとは別に、最近はSNS上で流れてくる求人も含まれるかもしれませんが、網羅性や相対比較しにくい点で難易度が高いのでこちらでは割愛させていただきます。それぞれのメリット、デメリットとともに解説していきます。

〈①縁故〉

縁故、コネ、知人紹介などと言われる採用です。最近では英語で「リファーラル」などとも呼ばれます。「社長の親戚」「部長の息子」「従業員の大学時代の同期」「取引先の紹介」など、つながりの深さ、関係の近さはさまざまですが、その企業の関係者が「この人は」と思った人を連れてくる――という採用形式です。

転職採用においては、昔も今もこの縁故採用が①～⑤のチャネルの中でもっとも大きな比重を占めていると言われています。

【縁故による転職活動のメリット】

縁故による転職活動のメリットは、**推薦者と採用企業の間に信頼関係ができていて、採用のハードルが下がっている可能性が高い、つまり内定をもらえる可能性が高いことです。**

例えば「大学時代の先輩が『今ウチの会社で中途を募集しているぞ。会社の人事には『後輩をよろしくお願いします』と伝えておくから受けてみろよ』と言ってくれた」などの場合、採用してもらえる可能性は高くなりますよね。

また、自分と価値観や志向性が似ている友人や信頼できる人からの紹介の場合、入社後のミスマッチが少なくなるのもメリットとして挙げられます。さらに、話が早いのもメリット。

最初から決裁者や役員、社長などと面談からスタートし、とんとん拍子に話が決まっていくことも多いです。

【縁故による転職活動のデメリット】

一方、縁故による転職活動のデメリットもあります。信頼関係ができていて、話が早い分、転職希望者側が他社を検討せず、その会社だけ受けて、「受かりました、その会社に入りました」となることが多いのが縁故採用に見られる傾向です。**転職希望者も、採用企業側も、吟味しない。そのことで「思っていたのと実は違った……」というミスマッチが両者に起こり得る可能性はあります。**

また、縁故による転職は、「転職したいと思っていたとき、たまたま声をかけてくれた」という縁、つまり偶発性によるところが大きいものです。それがうまくいく場合ももちろんありますが、転職者が「10年後にはこうなりたい。そのために次はこんな業界のこんな会社に入りたい」とキャリアプランを考えた上で選択した会社ではないので、入社後に、将来的なキャリアプランに悩んでしまう可能性が考えられます。

縁故採用のメリット・デメリット

メリット

入社できる可能性大

志向性などが似ている人からの場合、ミスマッチが起こりにくい

デメリット

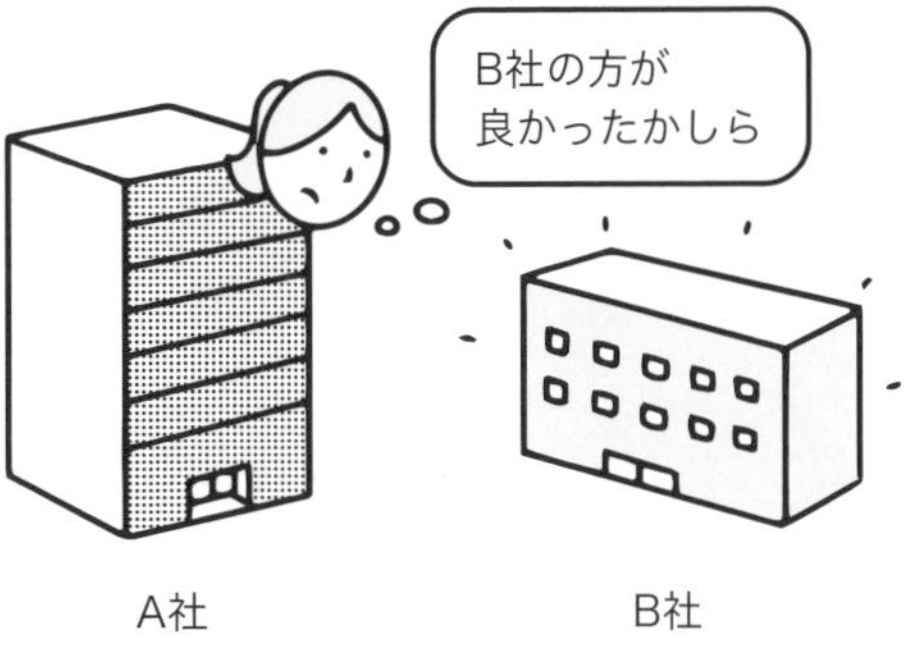

あまり吟味しないで本当に良かったか？

10年後のありたい姿をあまり考えずに入社

〈②企業のコーポレートサイト〉

コーポレートサイトで中途採用募集をおこなう企業はたくさんあります。求人サイトで募集すれば広告料が発生しますから、「コーポレートサイトの告知だけで自分たちの望む人材を採用できる」と判断した場合、コーポレートサイトで採用をおこなうことが考えられます。

【企業のコーポレートサイトからの転職活動のメリット・デメリット】

あまり人気がなかったり、知名度の低い企業の場合、応募が少ないため、面接や採用がとんとん拍子で進む可能性があります。また、採用コストがゼロ円であるということは、**良くも悪くも「採用にそれほど慎重なステップを踏まない」ということでもあったりするので、採用基準のハードルが比較的低い**ことも考えられます。

ただ、一方で、人気があり、知名度の高い企業の場合、応募が殺到します。その殺到した応募を、採用担当がさばいていくわけです。その過程の中で、放置されたり、無視されたり、あまり吟味されずにはじかれたり……というリスクは考えられるのです。

つまり、企業のコーポレートサイトからの応募が吉と出るか凶と出るのかは、相手企業に依るわけです。

企業のコーポレートサイトからの採用のメリット・デメリット

メリット

人気がなく
知名度が低い
企業の場合･･･

面接→採用が
トントン拍子の
可能性

デメリット

人気があって
知名度が高い
企業の場合･･･

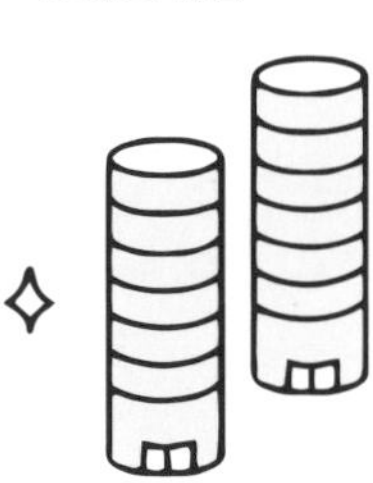

吉と出るか凶と出るか相手企業次第

〈③求人サイト〉

日本最大のリクナビNEXTのほか、doda、ビズリーチ、キャリトレ、マイナビ転職、ミイダス、@type、Find job!、エン転職などがあります。ビズリーチは「会員制のハイクラス向け」、ミイダスは「自分自身の市場価値分析からスタートする」など、それぞれの求人サイトが特色を打ち出しています。大手はさまざまな業種・業界の採用情報を網羅しており、中小の求人サイトは業種・業界を特化したり、地域に特化したり、何らかの特色を打ち出しています。

求人サイトは採用情報を掲載する企業からお金をいただいて収益を上げており、転職希望者は基本的に無料で情報を閲覧できます。

なお、企業の報酬の支払い方には2つのタイプがあります。1つは「採用情報を出す前に求人サイトに広告料を支払う」という前金掲載型、もう1つは「登録者の転職が成立した時点で成約報酬を払う」という成果報酬型です。以前は前者が主流だったのですが、最近は後者が増えてきています。

【求人サイトを活用した転職活動のメリット】

転職希望者が求人サイトを活用した場合のメリットは、**多数の求人情報を同じ掲載フォーマットのもとで閲覧できるため、比較検討ができる**ことです。例えば同業種・業界のA社とB社が同じような職種を同時に募集していた場合、両社の採用条件を比べることが容易です。

また、求人サイトに掲載されているさまざまな業界・職種の情報を眺めるだけで、相場観がつかめます。「30代でこの職業だと、これくらいの年収を提示されることが多いんだな」「今、世の中で求められているのは、こういう分野、こういう能力の人材なんだな」といったことです。

さらには、オフィス内の雰囲気や社員の働く姿などが見られる写真や動画などが掲載されている場合もあり、（あくまでも企業側からのPR情報なので妄信はオススメしませんが）雰囲気をつかみやすいこともメリットの1つです。

【求人サイトを活用した転職活動のデメリット】

デメリットは、②の企業のコーポレートサイトとも重複しますが、サイトへの登録者数が非常に多く、必然的に採用情報を目にする人も多くなるので、**応募が殺到する可能性が高いこと**です。

仮に1名の採用に対して、50人の応募があったとします。すると、採用情報を出した会社の採用担当者はどうしても「選べる」気分に陥ってしまうものです。そして、「会うのはせいぜい5人でいいか」などと判断し、45人は面接の機会がなく応募書類の時点で落とされる――といったリスクがあるわけです。つまり、「選ばれなかった一人」の中に自分が埋もれてしまい、「面接をしてもらえれば、これまでの経験、熱意などが伝えられたのに……」と悔しい思いをする危険性も十分あるのです。

また、80ページで触れましたが、求人サイトには「採用情報を出す前に求人サイトに広告料を支払う」という前金掲載型、「登録者の転職が成立した時点で成約報酬を払う」という成果報酬型の2つがあります。

後者の成果報酬型の求人サイトでは、転職成約1件につき年収の20%程度の報酬（年収500万円で採用した場合、求人サイトに100万円を支払う）が必要となります。すると、大量採用というよりも、「良い人材を見極めて採りたい」という意図で採用情報を出す企業が多い傾向があります。

一方、前者の前金掲載型の求人サイトは、求人情報1件につき固定額の広告料となっています。つまり、1人採用しようと100人採用しようと、広告料は同じなのです。例えば、求人情報1件の広告料が100万円だったとします。1人採用した場合は1人あたりの採用コストは100万円ですが、100人採用した場合は1人あたりの採用コストが1万円まで劇的に下がるのです。そのため、**大量採用の募集**（生命保険や不動産の営業、飲食チェーンや小売チェーンのスタッフなど）が多くなりがちな傾向があります。なお、必ずしもそうとは言い切れませんが、常に大量採用募集を出している企業は、成長著しい場合を除き、何らかの理由で常に大量の離職者を出している可能性があることも覚えておきましょう。

ここに記したのは、あくまでも一般的な傾向です。読者にわかりやすいよう、極端な例を挙げていますので、このページに書いてあることを鵜呑みにし、この情報だけで判断してほしくはありません。ただ、前金掲載型か成果報酬型かといった求人サイトの収益構造は知っておいて損はないでしょう。

求人サイトを使った採用のメリット・デメリット

メリット

	A社	B社
平均年収	640万円	478万円
平均年齢	42歳	31歳
男女比	3：2	1：1
社員数	563人	81人

採用条件を
比べられる！
相場や求められる
能力がわかりやすい

デメリット

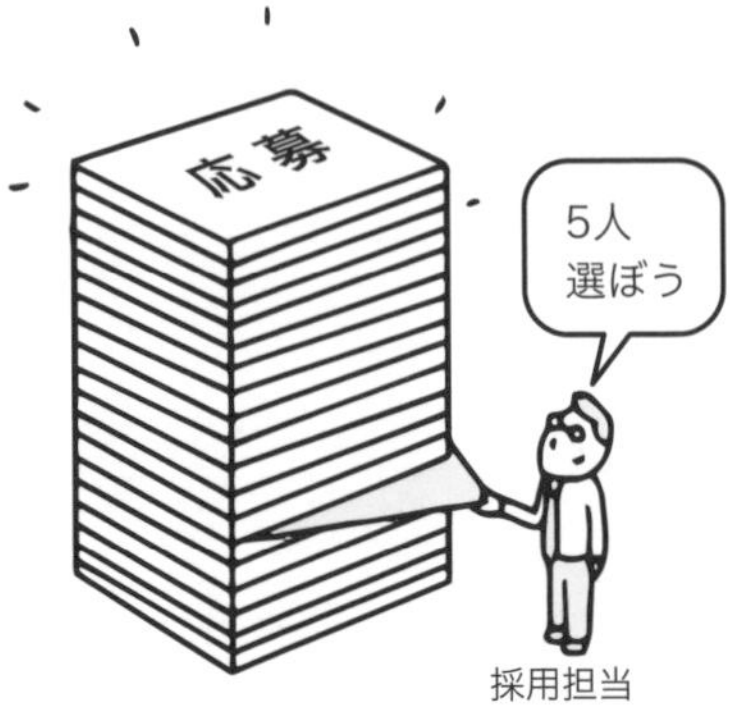
応募
5人
選ぼう
採用担当

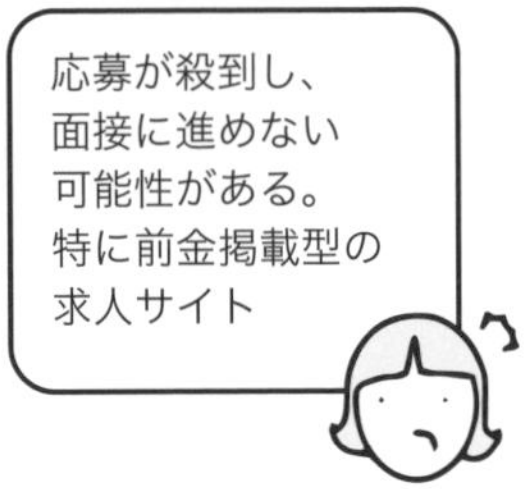
応募が殺到し、
面接に進めない
可能性がある。
特に前金掲載型の
求人サイト

〈④ハローワーク〉

厚生労働省が管轄する、国が運営する職業紹介所です。正式には「公共職業安定所」と呼ばれており、愛称がハローワークです。２０１７年時点の情報では、日本全国５４４ヵ所（本所４３６所 出張所95所 分室13室）があるそうです。

企業はハローワークに採用情報を無料で掲出・掲載することができます。また、ハローワーク経由で採用が決まると、国から補助金が出ます。採用コストをかけたくない企業にとっては〝オイシイ〟部分があります。

ちなみに、私は前職時代には全国各地へ（リクルート時代は東京・京都・滋賀だけ、起業後に福岡も）営業に出かけていました。その際、ハローワークにどんな求人情報が出ているかをこまめにチェックしてきました。その実体験をもとに言うと、東京、名古屋、大阪などの一部の都心とその他の地域では、求人情報の質にだいぶ違いがあるように感じています。

【ハローワークを活用した転職活動のメリット】

東京、名古屋、大阪などを除く、いわゆる地方都市では、ハローワークに「転職してステップアップしたい」という視点から良いと思える求人情報が出ていることが多いと私自身は感じています。

大都市の場合、「今の会社に勤めながら転職先を探す」人が大半です。「仕事を辞めてしまったら、転職先が決まるまでの間、高い家賃を払えない」など経済的リスクがあり、収入のない期間を作りたくない——というのが大きな理由のようです。

ところが、地方都市の場合は「今の会社を辞めてから転職先を探す」人の割合が多いのです。これは、「自宅から通勤している」「家賃がそれほど高くない」など、経済的リスクをそれほど抱えておらず、辞めても急に困るわけではない——という理由が大きいようです。

あくまでも私の実感ですが、このような傾向があるわけです。

つまり、地方都市においては「会社を辞めてから失業手当をもらいにハローワークに登録して、そこで次の転職先を探す」という考え方がきわめて自然です。そのため、企業もハローワークに求人情報を出すことをごく自然なものとして考えている——その結果、良い求人情報が集まるのだと推察しています。例えば、地場で大きなシェアを占めている企業であったり、家族的経営の老舗企業であったり……といった企業です。私は過去に福岡のハローワークで外部講師をしていましたし、京都で人材紹介の法人営業の仕事をした経験もありますが、福岡や京都でも規模は決して大きくないけれど非常に業績の素晴らしい製造業の企業がハローワークで求人をしていて、驚いたことがたびたびあります。**東京、名古屋、大阪以外のエリ**

アであれば、「ハローワークに良い求人情報あり」の〝公式〟は当てはまると感じています。

【ハローワークを活用した転職活動のデメリット】

「さらなる成功を目指して転職先を探したい」というニーズを持った転職志望者にとって次の転職先を見つけやすいかどうか――という観点で考えると、東京、名古屋、大阪などの大都市ではあまり良い情報がないように感じています。ちょっと手厳しい表現になりますが、「採用コストにお金をかけたくない」という意識の強い経営者がハローワークで求人しやすく、とかく「誰にでもできる仕事だから誰でもいい」という求人が集まりがちだからです。もちろん例外はありますので、「そういった傾向がある」ということで理解をしてください。

ハローワークで採用のメリット・デメリット

メリット

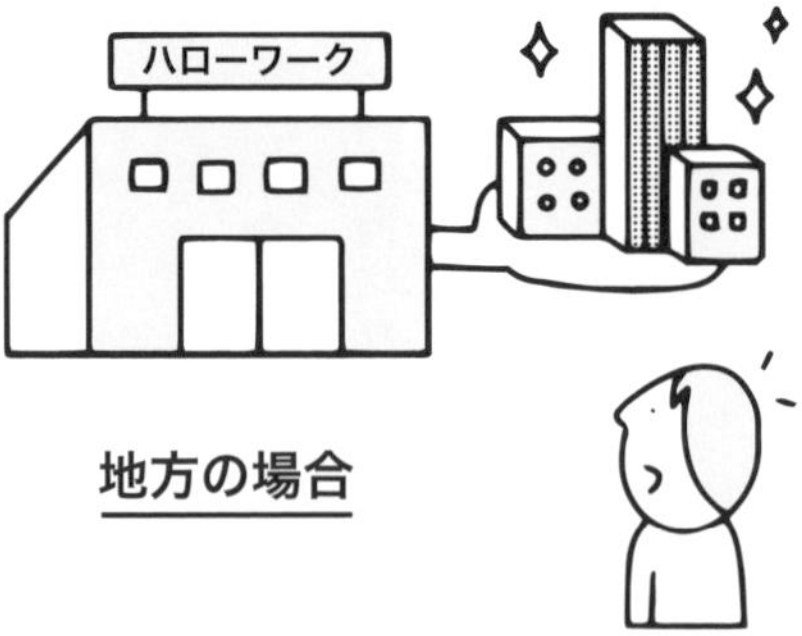

地方の場合

地方では、
地場産業、製造業などの
優良企業に出会える
可能性あり

デメリット

東京、名古屋、大阪などの
大都市の場合

採用情報の提出に
お金がかからないため、
「誰でも良いから
とにかく人手が欲しい」
という求人が多め

〈⑤転職エージェント〉

採用したい企業と転職希望者を仲介する存在です。転職が決まった場合、企業から年収の30％程度の成果報酬を受け取り、収益を得ています。

日本のプロ野球選手がメジャーリーグのチームに移籍する際、代理人＝エージェントを使いますよね？　その選手の価値を最も高く評価し、移籍後に活躍できる場を探し、交渉し、契約にこぎつける——それがエージェントの本来の仕事です。

アスリートとビジネスパーソン。対象の違いはありますが、プロ野球選手のエージェントも、転職エージェントも、仕事の大枠や果たすべき役割、存在意義などは同じなのです。

そのような「代理人＝エージェント」の考えに基づき、転職サポートの過程で、業務経歴書の書き方のアドバイス、面接対策など、さまざまな面において転職希望者のサポートをおこなっている転職エージェントも存在しています。

大手は、③の求人サイトと転職エージェントのサイトを表向きは分けています（裏側では1つにひもづいていますが）。

例えば、リクルートの場合、「リクナビＮＥＸＴ」が求人サイトで、「リクルートエージェント」が転職エージェント。「マイナビ転職」と「マイナビＡＧＥＮＴ」や、「＠type」と「type 転職エージェント」も、同様の関係性と言えます。大手の場合、求人サイトではさまざまな業界・職種の中途採用情報を扱っていますから、必然的にさまざまな業種・業界の転職エージェント事業をおこなっています。

一方で、特定の業界・職種に絞り、そこで自前のネットワークを駆使して独自の求人情報を集めて仲介をしている中小規模の転職エージェント企業は多数存在します。

「IT業界に特化」
「建設業界を中心に」
「医療業界専門」
「経理のスペシャリスト」
「語学の経歴を重視」

などです。

中には、自らの人間関係で集めた非常にニッチな分野の10社程度の求人情報を持ち、個人事業主のような形で活動する転職エージェントなども存在します。ひとくちに転職エージェントといっても、規模や特長はさまざまです。

余談ですが、私の経営するアクシス株式会社は、創業以来「誰もが自分なりの軸にまっすぐに生きられる社会にする」というビジョンを掲げ、「自立型人材のキャリア育成」という会社に依存せず市場価値を高めるキャリアを提唱してきました。そして、月間読者数35万人を超える「すべらない転職」という転職メディアの運営と転職エージェントサービスを通して、自立志向の20代のビジネスパーソン向けにキャリア支援を行っています。

このコンセプトを真摯に追求していった結果、中心対象は20代、業界は広告、IT、人材、ウェブ、コンサルなど、職種は個人のキャリア形成に有効な無形商材の法人営業職や、経営において付加価値の高い専門職（マーケティングやディレクター、事業開発など）に強いという特徴が生まれてきています。

転職エージェントを活用した転職活動のメリットとデメリットについては、別項で後述します。

求人情報を得られるチャネルは主に5つある。
それぞれのチャネルに
メリット・デメリットが存在している

転職エージェントを使うメリット、デメリットとは？

ここでは転職エージェントを利用するメリットやデメリットについて解説します。

【転職エージェントを活用した転職活動のメリット】

転職希望者が転職エージェントを使うメリットは、主に4つあります。

1つめは、**「一定期間活躍してくれる期待値の高い人材を、よく見極めて少数採りたい」という意図を持った企業の情報が集まってくること。**高い成果報酬（採用者の年収の30％程度、年収500万円であれば別途150万円）を払うため、大量採用をしたい企業にとっては転職エージェント経由の採用は割が合わないのです。

2つめは、**求人情報を出す企業の理念や経営体質が、ある程度保証されてくること。**実際問題として、「人材採用にお金を投資する企業体質・思想である」「人材採用にお金をかけられる財務体質である」ということです。

3つめは、**転職サポートもおこなってくれること。**私自身は、ここがいちばんのメリットだと感じています。今の会社で忙しく働きながら転職活動をしていると、面接の日程を自分で調整したり、書類に誤りがないかをチェックするのは、けっこう大変です。登録すると、キャリアコンサルタントあるいはキャリアアドバイザーと呼ばれる担当者が専任でついてくれ、面接の日程調整、職務経歴書や履歴書の添削などをしてくれるのです。

また、新卒の就職活動では、学校がガイダンスを開いてエントリーシートの書き方を教えてくれたり、企業の合同説明会があって友人と一緒に参加できたりします。けれども転職活動は、自分のタイミングで、しかもこっそりと始めるものだったりするので、「教えてくれる人」も「一緒に戦う仲間」もいないことが多いのです。ですから、企業と転職希望者をマッチングするだけでなく、転職希望者にアドバイスし、転職希望者を支援する存在として、エージェントの果たす役割は大きいと思います。

私の会社では、一般的な転職エージェントの支援領域を超えて、将来の目標設定や自己分析のサポート、面接対策、あらゆることをおこなっています（私たちが実際に現場でおこなっているサポートの重要ポイントを〝読むだけで〟感じてもらいたくて、私はこの本を書いています）。

4つめは、**その転職エージェントしか持っていない非公開求人情報をたくさん持っていること。**新卒採用の場合は「来年春までに100人採用したい」という規模ですが、中途採用の多くは「3ヵ月後までにこの部署で3人採用したい」という規模であることも非常に多いのです。そんなときに求人サイトや自社のポータルサイトで手広く告知して大量応募があったら、採用担当者は絞り込みに四苦八苦してしまいます。そこで、転職エージェントにこっそりと「そちらで絞り込んで良い人を推薦してくれないか」とスクリーニングを依頼してくるのです。

【転職エージェントを活用した転職活動のデメリット】

エージェントの規模の大小にかかわらず、共通して想定されるデメリットです。

まず1つめは、**企業側の採用のハードルが上がっている可能性が高いこと。**「数百万円もの採用コストをかけるのだから、良い人材を採りたい」という思い、逆に言えば「数百万円もの採用コストをかけるのに、この程度の人材では満足できない」という思いが働くわけです。

ただ、最近では転職エージェント経由で採用した際の採用コストをあらかじめ予算に組み込んでいる企業も増えてきました。「これまでは縁故や求人サイトで採用してきたけれど、もう良い人材を確保できない」などの理由から、転職エージェントを使うようになった企業も多いからです。

余談ですが、たまに転職志望者から「求人サイト経由など採用コストゼロのAさんと、エージェント経由のBさん。企業の採用コストに違いが出るから、エージェント経由で面接したBさんのほうが不利にならないですか?」と聞かれることがあります。AさんとBさんの能力や資質がまったく同じならそうかもしれませんが、前述のようにエージェント経由で採用する必然性を感じてくださっている企業が多くなってきたので、実際にはそのような問題はほとんど起こっていません。

デメリットの2つめ。それは、**ある程度内定の出やすい人でないと相手にされにくいという現実です。**転職エージェントは成果報酬型、つまり転職希望者に内定が出て入社することで初めて報酬を手にする仕事ですから、転職市場価値において「どこに応募しても厳しいかな」という人は、やはりサポートが受けにくくなると言えます。

転職エージェントを活用した転職のメリット・デメリット

メリット

良い人材を
少数採りたい
企業の求人

企業の質が
ある程度
保証される

転職サポート
が受けられる

デメリット

企業のハードルが
上がっている

内定が出やすい人
じゃないと、エージェントの
サポートが受けづらい

また、転職エージェントが自分の利益だけを見て突っ走れば、「一発内定の出る手離れの良い仕事」がオイシイ仕事ということになります。転職志望者の将来のキャリアプランを無視したり、職場環境の実態を無視して、とにかく決まりやすい＝誰でも良いから欲しいという企業を「ここは良いですよ」と薦めてくることも可能なのです。転職エージェントの理念やモラルによって、大きな差が出る部分です。

ですので、この後お伝えしますが、私は、どの転職エージェントを選ぶかが非常に重要だと考えています。

メリットもデメリットもある転職エージェント。
「どのエージェントにどうお願いするか？」
で転職成功率に大きな差が出てきてしまう

転職エージェントを使うなら、「大手1、特化1、個人2」で登録

転職エージェントの上手な使い方について触れていきます。ただし、自分が転職エージェントだからというわけではありません。転職活動をする際、実際に活用する人がやはり多く、活用のしかた次第で面接の成功率がぐんと上がるからです。

転職エージェントを分類すると、次の**4カテゴリー**に大別できます。

①**大手の総合型エージェント**……リクルートエージェント、パーソルキャリア（doda）、パソナキャリアなど

②**業界職種特化型エージェント**……「金融業界に特化」「経理職に特化」など

③**個人エージェント**……1人ないしは数人の規模で運営し、特定の企業や業種に特化していることが多い

④**ヘッドハンティング型**……サーチ型とも言われる。管理職、中間管理職など高年収案件のみを扱う

転職志望者からよく受ける質問は「転職エージェントサイトは複数登録しても大丈夫なのですか？」、逆に「たくさんの転職エージェントサイトに登録した方が有利ですよね？」というものです。

では、どのように登録するのが最適なのでしょうか？

私は20～30代の転職志望者に、

「大手1、業界職種特化型1、個人2」

の割合で並行登録することをオススメしています。

なお、管理職などの案件を中心としたヘッドハンティング型は該当しないことが多いので外していますが、「若くして管理職として期待されるキャリアを積んできた人は、サーチ型のみを中心に転職活動をおこなって良いと思います。

なぜ「大手1、業界職種特化型1、個人2」なのか？　その理由や、それぞれの活用のしかたについて触れていきます。

〈①大手エージェントの強みと弱み&活用のしかた〉

まず、リクルートエージェント、パーソルキャリア（doda）、パソナキャリアなど大手の総合型エージェントの強みは、求人情報の多さです。さまざまな業種・業界の求人情報を持っていますし、大手だけが持っている求人情報も多いです。逆に言えば、大手のA社とB社、その2つで情報数にそれほど違いはありません。つまり、大手のどれか1つに登録しておけば、求人情報をほぼ漏れなく収集することができるわけです。

その一方で、弱み（と敢えて表現します）もあります。大手の総合型エージェントには、膨大な数のキャリアアドバイザーが在籍していますから、自分がどの人にサポートしてもらえるかは正直〝運次第〟のところがあるのです。また、1人あたり数十人の転職志望者を担当し、多忙を極めるので、個人のサポートに限界が生じてしまうのです。さらに、そのキャリアアドバイザーと相性が合うかどうかも大きなポイントとなります。

余談ですが、転職エージェントサイトに登録すると、次のステップとしてキャリアアドバイザーと面談をすることを求められます。ただ、「面談＝サポート開始」というわけではありませんから、自分と担当キャリアアドバイザーとのフィーリングが合うかどうかを確かめるために面談に行くことをオススメします。

この面談の際、私が推奨しているのは**「現時点で自分に合致しそうな求人情報をすべて見せてほしい」とお願いしてみること。**前述したように大手の強みは情報量の多さです。ただ、「情報は見せたくない」と考えるキャリアアドバイザーもおり、そうなると転職志望者は大手ならではのメリットを享受できなくなります。それを未然に防ぐためにお願いしてみるわけです。

　このとき気をつけなくてはならないのが、**「求人情報を見せてほしいが、エントリーするのは待ってほしい」と伝える**ことです。不動産に喩《たと》えるならば「間取り図は見させてほしいが、内覧予約はまだ入れないでほしい」ということです。大手はとにかくたくさんの求人情報を持っていますから、「たくさん受けられますよ。どんどん受けて内定を勝ち取りましょう！」という数の論理に走りがちな傾向があります（こう書くとあまり良くない意味に聞こえますが、それは大手しか取れない戦法です）。ですから、黙っていると、その場でどんどんエントリーをされてしまう可能性があるのです。「いったん持ち帰る」という態度をきっちりと示して、相手のペースに流されず、自分でペースをコントロールしたほうが良いでしょう。

　相性の良い担当に出会え、その担当がすべての情報を開示してくれ、あなたの希望やスケジュールを理解してくれる良きパートナーとなってくれそうであれば、大手の登録は1社で十分です。

〈②業界職種特化型エージェントの強みと弱み＆活用のしかた〉

　業界職種特化型エージェントの強みは、当然のことながら、「その業界や業種の全体像を深いレベルでよくわかっている」ということです。**業界の裏事情などにも精通していますし、ま**

た1つひとつ会社ごとに異なる内定基準（**どんなことに比重を置いて採用するか?**）**などもよくわかっています。**さらに、似たような名前の職種における小さな違いなど、非常にマニアックなことまで熟知しています。

そして、これは後述の個人エージェントの強みとも共通するのですが、同じ企業にこれまで何人もの転職者を紹介してきた実績があるので、非常に強い信用を得ていることです。実際、「○○さんの紹介なら書類選考はナシで面接へ」ということがよくあります。

逆に、このエージェントの弱みは、これもまた当然のことながら、自分の守備範囲以外の業種・業界には疎いということです。

また、転職希望者が心得ておいたほうがよいのは、**その業種・業界をよく知っているだけに「目利き」されてしまう**ということ。彼らは信用商売なので、企業にとってあまりうれしくない人間を推薦してしまうと、その信用関係が壊れてしまいます。そのため、エントリー以前の段階で「残念ながら経験やスキルが足りないですね」と言われてしまい、ショックを受ける可能性はあります。ただ、それは転職市場での自分のリアルな価値を知ることでもあるので、そういう意味でも希望の業界や職種が明確な場合は、1社は登録することをオススメしています。

将来のキャリアプランを考え、自己分析を終えて、**「この業種・業界に進みたい」という方向が見えている人は、その業種・業界に特化したエージェントを選びましょう。**異業界転職を視野に入れている場合、「どの業種・業界が自分に合っているのかまだわからない」という人も、とりあえず現状で関心のある業界に特化したエージェントを選ぶと良いと思います。

〈③個人エージェントの強みと弱み&活用のしかた〉

個人エージェントと呼ばれる人たちは、一人、あるいは多くても数人の単位で活動をしています。個人エージェントの括りに当てはまる法人は全国に1万社ほどありますが、それは「個人エージェントが1万人いる」ということとほぼ同義なのです。

では、彼らの強みは何か？　それは人に対する思い（意欲ある若者たちの支援をしたい、中高年の再雇用を助けたい、自分がかつて勤めていた企業に人材供給という形で恩返ししたいなど）があってこの仕事をしている人が大半なので、**手厚くサポートしてくれる傾向**があります。実際、サポートする数もそれほど多くはなく、大手が1日に何人もの転職志望者と面談するのに対し、1ヵ月間の面談が10人程度だったりもします。

逆に言うと、「お金のためだけにやっているのではない」という強い思いを持っている人もいるので、**そのエージェントと相性が合うかどうかがカギ**になります。「この人をサポートしたい」と気に入ってもらえれば手厚いサポートを、気に入られなければあっさり断られたりします。

また、これは強みでも弱みでもありますが、持っている求人数は少ないです。ただ、その少数の企業とエージェントの間には、非常に太いパイプがある可能性があります。持っている求人にあなたの興味・関心が湧くものがあればあなたにとって強みとなりますが、興味・関心が湧くものがまったくなければ「手間暇かけてもらっても申し訳ない」という気持ちになってしまうはずです。

「ハマればこれほど強力なサポーターはいない」というのが、個人エージェント。ただ、相性も含めてハマりにくい可能性があるので、2社ほど登録してみることをオススメしているのです。

転職エージェントの特徴&活用のしかた

大手

求人
すごい…

- 求人情報が多い
- 誰にサポートされるかは運次第
- 求人情報の開示をお願いしよう

特化

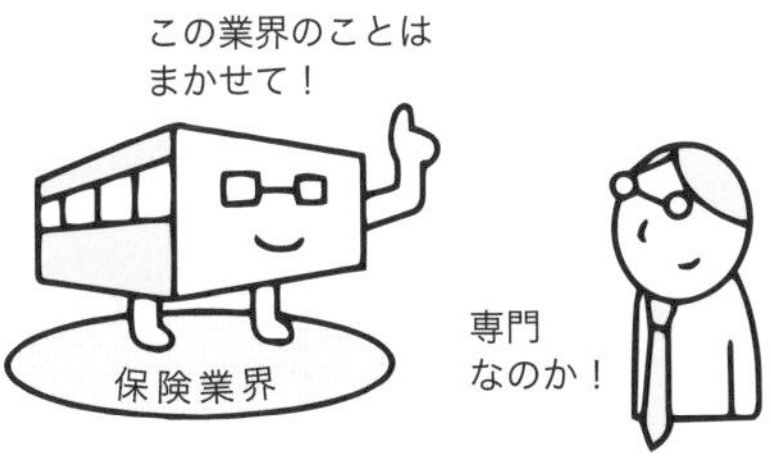
この業界のことはまかせて！
保険業界
専門なのか！

- 業界や職種の全体像を深くわかっている
- 企業から信用を得ている
- 業界、職種が決まっているならこちら！

個人

応援するよ！
転職
頼れそう！
企業と太いパイプ

- 持っているパイプは太い可能性アリ
- 求人数は少ない
- 相性が合うかどうかがカギ

余談ですが、私の経営するアクシス株式会社は、業界マップ的に言えば「②業界職種特化型エージェントと③個人エージェントの掛け合わせ」のポジションにあると私は思っています。

業種業界に特化というように企業サイドを起点にしているというよりも、「20〜30代で自立したキャリアを築きたい」という人材を対象に、個人サイド起点で転職サポートを始め、結果としてIT、広告、人材、ウェブ、コンサル、それからベンチャー系のカテゴリーに強くなり、職種としては売上アップ、収益アップなどを担当するフロント系（営業職、マーケティング職など）に特化していった——という感じです。このあたりは、時代の変化に応じてまた変わってくると思います。

大手、業界職種特化型、個人エージェントがあり、
それぞれに強み・弱みがあるので、それらを把握した上で
自分自身の転職サポートをしてもらおう

どのエージェント経由でエントリーをすると良いのか？

転職エージェント経由で求人情報にエントリーする場合ですが、同じ求人は1つのエージェントからしか応募ができません。大手エージェントのA社からも、業界業種特化型エージェントのB社からも、個人エージェントのC社からも「Z社に応募しませんか？」となった場合、A、B、Cのいずれか1つを選ぶ必要がある、つまり重複エントリーはできないし、エントリー後の変更はできないのです。

なぜなら**「お願いしたエージェントに最後まで権利が帰属する」**という業界ルールがあるからです。このルールが存在しなければ、内定が出そうな時点で〝横取り〟することもできてしまい、業界がぐちゃぐちゃになってしまう危険性があるのでしょう。

転職希望者を悩ませるのは、「どのエージェント経由でエントリーするか？」です。

1つのエージェントしか持っていない求人情報であれば迷う必要はありませんよね。その場合は迷わず大手エージェント経由でエントリーをしましょう。特に大手は「自分たちだけが持っている情報」もたくさん抱えています。大手金融機関や大手製造業などを中心に「ウチは大手エージェントにしか求人を出さない」という企業もあります。大手1社に任せておけば、採用担当としては手数も減るし、正直ラクだからです。

問題は、複数のエージェントが求人情報を持っていた場合です。そのときは「なるべく小さなエージェントを経由してエントリーする」のをオススメしています。

なぜか？　そのほうがあなたのエントリー情報が埋もれにくいからです。

「内定数」は大手だが、「内定率」で見ると……

中小エージェントの強みは、サポートの手厚さにあります。少数のキャリアアドバイザーが「この人を！」という思いで個人をサポートしてくれます。

一方、大手の場合、登録者数も多いのでエントリーも殺到します。殺到した分だけ企業にエントリーシートを送って良いのかといえば、それは違います。法人営業担当がかなり厳選してから送っています。そうしなければ先方の企業から「こんなに送られても困るよ！　もっと絞り込んでから送ってよ」と言われてしまうからです。必然的に、法人営業が書類選考を代行することになるわけです。これは大手エージェントの構造上、仕方のないことなのです。

専門経験、資格などが問われる採用であれば、その絞り込みの精度は高くなると思いますが、「会って、人柄なども含めて総合的に判断してほしい」というときに、「その他」に入れられてバサッと切られてしまうのはなんとも悔しいですよね。

大手エージェントが「内定数」を大きくうたっています。皆さんは内定が欲しいのですから、そのキャッチコピーに惹かれる気持ちはわかります。

けれども、それは登録者が多いから。つまり、母数が大きいから内定数が多いのです。**内定率という点で見ると、中小のほうが勝っているというケースが多い**のです。

誤解のないように申し上げますが、私は決して「大手よりも自分たちのほうが勝っているぞ」と言いたいわけではありません。エージェントごとに特徴が異なるので、その特徴をしっかり理解した上で、有効活用してもらいたいのです。

複数のエージェントが求人情報を持っている場合、
なるべく小さなエージェントを経由して
エントリーすることをオススメしたい

転職エージェントは面接官の代わりにあなたを見ている

一般的な傾向として、大手エージェントはじゃんじゃん求人情報を送ってきて、かなりぐいぐい「エントリーしましょう」と迫ってきます。その押しの強さを経験して転職エージェントと距離を取りたがる人をよく見かけます。具体的には、転職エージェントを疑って心を開かない、値踏みする、無機質な対応を取る、連絡に対して返信をしない……などです。

ただ、**「その態度や物言いは、自分が損するだけで決して得はしませんよ」**ということは、転職エージェントの1人としてぜひお伝えしておきたいです。特に、業界業種特化型エージェント、個人エージェントなど、サポートの手厚さを売りとしている中小規模のエージェントの場合、なおさらです。

例えば、「自分はこういうところで働いてみたい」という希望、「自分はこういうことを不安に思っている」という相談、「他にこういうエージェントにも登録し、こういう企業にもアプローチしている」という現状……こういったことを「あなたには教えられない」という態度で接してしまう人がいます。けれども、エージェントはあなたを助けたいと思っているのに、希望も、不安も、現状もわからなければ、そもそも助けようがないのです。

自分の心を開かない2つのタイプ

ちなみに、私の見てきた限りでは、自己開示をしない人には2パターンあります。

1つは、**転職エージェントに猜疑心を抱いている人**です。「洗いざらい話をさせて都合良くコントロールしようとしているのではないか」と思っているのですが、情報は良い戦略を立てるために必要なのです。さらに言えば、エージェントに複数登録し、面談をしてもらう中で、疑わなくても良い、信頼できる相手をまず探すべきなのです。

もう1つは、**転職エージェントに悪いと思っている人**です。「せっかく薦めてくれているんだから、他で進めていると伝えたら悪いな」という気持ちでエントリーしてしまい、面接も進み、内定までいってしまった――ここまできて初めて「実は自分の希望とは違うので辞退したいです」と自己開示する人もいますが、「今までの時間や手間は何だったのか……」と全員が徒労感に襲われてしまいます。そして「別の企業にあらためてエントリーしたい」と願ったところでエージェントのほうから「ごめんなさい」と言われてしまう可能性もあります。照れ屋、引っ込み思案であったとしても、それは脇に置いてください。自分の思いは、その都度しっかり伝えるべきなのです。もちろん担当によっては言いにくい雰囲気を作ってしまっているエージェントもいるので、エージェントの責任も大きいとも思っています……。

あるいは、「こういう情報がありますが、どうしますか?」と送ったとします。そのとき、すぐに返信し、その対応も良い転職希望者は有利になります。エージェントが企業の採用担当者とコンタクトを取った際などに「この人は返信も早く、すごく仕事ができる印象です」など、**職務経歴書を読むだけではわからないプラスポイントを伝えてくれる**可能性があるからです。

返信が遅いからといって企業の採用担当者に「あの人はダメですよ」などと忠告したりは決してしません。でも、コミュニケーションが迅速かつ丁寧な人だと「企業も欲しがる人材だろうな。自分もこの人の内定に力を貸してあげたいな」と思うのは当然なのです。

さらには、転職エージェントには非常にぞんざいな態度を取りながら、企業の面接ではニコニコと丁寧な態度を取る——そういう裏表のある行動なども、その企業と懇意にしているエージェントが採用担当者から「実際のところどうなの?」と聞かれて、表情に出てしまい、すぐにバレてしまいます。

そういう意味で、転職エージェントは**「面接官の代わり」**と考えても過言ではありません。面談を無断欠席する、レスがものすごく遅い……などのマナー違反、ルール違反の言動は控えたほうが良いです。普段はそんな言動を取らない人でも、現職が忙しかったりストレスフルだったりすると、ついマナー違反、ルール違反の言動を取ってしまうことがあるので要注意です。

これは転職エージェントのために言っているのではありません。転職エージェントも所詮はビジネスですので、顧客から失礼な対応をとられても仕方ありません。

その先にいる求人企業、さらには転職者の方自身にとって損をしてしまう行為だと思うので、あえて伝えさせていただいています。

「転職エージェントの先にはあなたが働くかもしれない企業の人がいる」という意識を忘れず、**ひとりの社会人として礼節をわきまえた態度を取ること**——それが、あなたの面接を成功に導く大きなポイントなのです。

転職エージェントを味方と考えて
現状や希望をしっかり伝えた方が良い転職ができる。
社会人として許されない行為は百害あって一利なし

求人票の見方①
業務概要をハッシュタグ化し整理せよ

ここからは、求人票の見方について解説していきます。

求人票とは、116～117ページのような構成になっています。ある人材紹介企業の法人営業職（正社員）の過去の求人票をベースに一部改変したものを参考として掲載します。

これをもとに、

・**業務概要の把握のしかた**
・**年収欄の見方**
・**その他の注意点**

などについて触れます。この項では業務概要の把握のしかたを紹介します。

求人票の中で特に注目したいのは、「業務概要」の部分です。ここをまず、37～41ページで解説したようにハッシュタグ化してみましょう。

次ページの参考例の求人票には、

【業務概要】
取引のあるクライアント（中小～大手）の組織・採用課題に向けて、人材採用の提案をおこなっていただきます。
組織・採用課題：具体的には、例えば既存事業の活性化、マネジメント強化、新規出店に対する増員に際しての組織強化、改善についての提案、人材ターゲットの定義など、あらゆる人的課題にクライアントは直面されており、組織課題の解決に必要なものであれば、主体的にご提案することができます。

また、上記のようなお仕事をやりきる経験を通してプレイヤーとして顧客へ価値提供していただくことはもちろん、早期に組織を牽引いただくリーダーポジションを目指していただきたいと思っています。

とありますね。これらの中からキーワード（固有名詞など）を抜き出し、「自分がすでに持っているハッシュタグはどれか？」「自分がこれから手にしたいハッシュタグはどれか？」を整理しながら読み込んでみるのです。

求人票の例

株式会社●●●●　人材紹介の法人営業職（正社員）

①会社情報

代表者	設立	従業員数
●●●●	●●年	120 名
資本金	上場区分	企業 URL
●●●●万円	未上場	●●●●
本社所在地	東京都●●●●●●●●●	
事業内容・商品など	個人に対する転職支援、企業向け人材採用サービスの提供	

②求人情報

仕事内容

【業務概要】
取引のあるクライアント（中小〜大手）の組織・採用課題に向けて、人材採用の提案をおこなっていただきます。
組織・採用課題：具体的には、例えば既存事業の活性化、マネジメント強化、新規出店に対する増員に際しての組織強化、改善についての提案、人材ターゲットの定義など、あらゆる人的課題にクライアントは直面されており、組織課題の解決に必要なものであれば、主体的にご提案することができます。

また、上記のようなお仕事をやりきる経験を通してプレイヤーとして顧客へ価値提供していただくことはもちろん、早期に組織を牽引いただくリーダーポジションを目指していただきたいと思っています。

【業務を通して経験できること・身につくスキル】
①個人としての成長（課題設定や提案スキル、顧客の事業・組織分析スキルを学ぶ）
②人材紹介事業における業務知識やスキルの獲得、経営層に対する法人営業スキル
③組織を牽引するプレイヤーとしての後輩メンバーの育成（組織、事業視点での貢献）
プレイヤーとしての成長と同時に、事業視点、マネジメントに近い経験も、早期に経験いただけます。

【求める人物像】
■必須
・2 年以上の接客販売や営業経験
・人材業界への興味

■歓迎
・2 年以上の無形商材の法人営業経験
・経営に関する興味・関心
・数名のリーダー・マネジメント経験

企業や仕事の魅力 ※弊社コンサルタントからのコメント、もしくは企業からのコメント
当社は、年齢・年次に関わらずチャンスを与えるカルチャーです。経験がない人にもマネジメントや新規事業開発の機会を積極的に任せていきます。実際にやってみるのは大変なことが多いと思いますが、その分早期に成長できると確信しています。 人材紹介事業だけでなく、積極的に HR 分野における新規事業にもチャレンジしていきます。 個人の成長にコミットしながら、顧客価値の創造のために自分たちが何をできるのか、当事者意識を持って業務に当たることを大切にしているために、ビジネスパーソンとして圧倒的に成長できる環境だと思います。

③雇用条件など

雇用形態	正社員
給与	想定年収●●●万円～●●●万円 月給●●万●●●円～●●万●●●円 ※超過勤務●時間を超える場合は実働分を残業手当として別途支給 ◆賞与年 2 回支給
勤務時間	標準労働時間帯：9 時 00 分～ 17 時 30 分 休憩時間：原則 60 分
休日・休暇	年間休日　130 日（会社休日 125 日+指定休 5 日） 土日、祝日、年末年始・夏季・GW・婚姻・産前産後・慶弔・忌引き・転勤休暇など
福利厚生など	健康保険・介護保険・厚生年金保険・雇用保険・労災保険 深夜・休日勤務手当、追加割増手当、通勤交通費（当社規定による）ほか 育児休職制度・介護休職制度・看護休暇制度・退職一時金制度

④選考内容

面接回数	筆記試験	その他
2～3回	SPI、適性検査	選考回数は変動する可能性あり

〈例：業務概要に記載されているキーワード（固有名詞など）**〉**

#取引のあるクライアント（中小〜大手）、#組織・採用課題、#人材採用の提案、#既存事業の活性化、#マネジメント強化、#新規出店に対する増員に際しての組織強化、#改善についての提案、#人材ターゲットの定義、#人的課題・組織課題の解決、#プレイヤー、#組織を牽引するリーダー

〈例：自分がすでに持っているハッシュタグ〉

（アパレル専門商社で法人営業を担当し、小売店に対する商品の卸売営業と売り場のＰＯＰやディスプレイの企画提案の経験がある人の場合）

#アパレル専門商社、#法人営業、#小売店に対する卸売営業、#売り場のＰＯＰやディスプレイの企画提案

〈例：自分がこれから手にしたいハッシュタグ〉

#人的課題・組織課題の解決、#組織を牽引するリーダー

……などです。

この整理を通して**「自分の転職の軸に合った会社かどうか？」**をチェックしてみてください。

また、併せて**「次の転職先として目指すべき会社かどうか？」**も考えてみましょう。もしも、この時点で「必須なのに自分の持っていないハッシュタグ」があるとわかったらどうすれば良いのか？

その場合は、簡単です。

現時点ではこの企業の面接にエントリーするのをいったん見送り、別の企業へ〝寄り道〟して必要なハッシュタグをゲットしてきます。そして、その上で数年後にこのような企業のこのような職種の採用面接を受けて入社すれば良いだけです。もちろん、スキル・経験に限らず、そもそもの個人のキャラクターやカルチャーマッチという変数や、年齢によっての制限が発生する可能性があるので、そちらはあらかじめご了解ください。

求人票の業務概要を見ながら
その仕事をハッシュタグに分解してみる。
そして自分が次に得たいものかを考える

準備編

求人票の見方②
同業他社の求人票を読み比べよ

前項で求人票の業務概要の見方について触れましたが、もう1つ補足しておきます。それは、「同業他社の同じポジションの求人票を見比べて違いをあぶり出す」という方法です。これをおこなうことで、業務内容がより正確に把握できるからです。

ネット広告代理店などは、カタカナ文字の職種が多く見られます。しかも、スマートに見せたいのか、**各社で微妙にネーミングが違ったりするのがやっかい**なのです。けれども、同業他社の同じポジションの求人票を見比べていくと、なんとなく共通点が見えてきます。

例えば、**「アカウント○○」**。このように表記されているのは「どうやら営業系の仕事だな」ということがわかってきます。しかも、A社では「アカウントプランナー」、B社では「アカウントエグゼクティブ」などと記載されていることもわかってきます。

あるいは**「××コンサルタント」**。「運用コンサルタント」や「広告コンサルタント」は、「リスティング広告の管理画面を見ながら入札するキーワードを決める仕事らしい」といったことがわかってきます。

こうして、業務概要を理解した上で非常に重要となるのは、**「要は何を達成すれば評価されるのか?」**をしっかり把握することです。

営業系の「アカウント○○」であっても、A社の場合は「お客様の問題解決」、B社の場合は「担当地域の売上アップ」など、評価基準が異なる場合があります。求人票の業務概要を読み比べることにより、「この会社が中途採用者に求めたいスキルは何か?」があぶり出されてくるはずです。

同業他社の同じポジションの求人票を見比べて「要は何を達成すれば評価されるのか?」を把握する。
用語の難しいIT業界などに特に有効

求人票の見方③ 年収は上限を見る？ 下限を見る？

求人票についてのよくある疑問の1つに「年収に上限と下限が書いてあることがありますが、この幅をどう捉えればいいですか？」というものがあります。

求人票に「300万〜500万円」の年収表記があったとします。その際、人は期待を込めてつい「真ん中よりも少し上くらいかな」などと判断しがちです。つまり、「400万円とか450万円とか」と思ってしまうのです。

ただ、現実的には、面接中に提示されるであろう年収は、次のように考えたほうが良いと思います。

①20代などで社会人経験が浅く、初めて異業界転職する人……下限の300万円
②同業界や同業種で経験を積んだ転職者……中央値の400万円
③経験があり、企業が「絶対に採用したい」と感じた転職者……上限の500万円

中途採用は個別性が高いので、新卒採用のように「この金額で絶対に決まっている」というものではありません。ただ、企業ごとに「この経験の場合はこの年収」という基準はある程度持っています。

ですから、**①〜③のどれに該当するかを冷静に分析した上で、求人票を読み解くと良いでしょう。**

ちなみに、企業が上限と下限を設けて求人を出すのには、いろいろな思惑があります。「基本は年収300万円の未経験者を中心に採りたいけれど、経験者が来てくれたら儲けものだから500万円まで出そう」という場合、「300万円と書くよりも300万〜500万円と書くほうが、年収アップの期待感を持ってくれたり、交渉の余地ありと感じてくれやすいだろう」などです。

なお、「本番編」での話にもつながりますが、20代の異業界転職、あるいは30代の同業界転職であっても、「採用したい」と企業が思ったときに、こちらが何の工夫もしなければ下限額を提示される可能性があります。

年収を下限額で提示されないためにできること

では、どんな工夫ができるのか？

最も良いのは **「いくつかの同業他社から内定をいただいておくこと」** です。このあたりの心理は新卒採用とまったく同じ構図です。「他に採られるのはイヤだ」という心理が働くのです。

つまり、**自分を競りにかけるわけです。**

もちろん言い方に十分気をつける必要がありますが、「A社さんとB社さんからすでに内定をいただいていまして……御社で働かせていただきたいという意欲が強く、年収アップが転職活動の動機でもないのですが、とはいえ今後のことも考えると年収も1つのポイントにはなってきます。ですので、自分としてはこれくらいの年収だとありがたいと思っています」といったことをお伝えし、検討してもらうわけです。

とはいえ、希望を出したからといって必ずそのとおりになるとは限りません。企業側としてはいくら優秀な人材であっても「様子を見たい」というのが本音だからです。「転職希望者の希望の年収を受け入れたのに、数ヵ月で辞められてしまった……」というミスマッチは避けたい。年収アップの希望を受け入れるのは、定着し、活躍してくれた時点で検討してくれる場合もあります。

なお、転職エージェントがサポートしている場合、転職希望者のこういった年収希望を、本人に代わって転職エージェントが、内定が出そうな時点などのタイミングを見計らいつつ企業にお伝えすることがよくあります。

繰り返しになりますが、「同業他社を複数受け、内定をもらうこと」が大前提となります。忙しい転職活動で「何社も面接を受けるのは面倒だ……」と思ってしまうかもしれませんが、その業界の大きな方向性や判断基準もわかってきますし、その労力は最終的に自分に返ってきます。ぜひ念頭に置いてください。

忙しいと「何社も受けるのは面倒」と思いがち。
けれども内定を複数ゲットし、
自分を競りにかければ希望は通りやすくなる

求人票の見方④
雇用条件を読むときの注意点

求人票の見方について、さらに触れておきます。

賞与、福利厚生、手当などの雇用条件の欄については、企業によって表記のルールがばらばらです。そのため、私のところに来る転職希望者にはよく「**こういった項目は、自分の中で比較したほうが良いですよ**」と伝えています。

非常にわかりやすい例を挙げて説明していきます。

例えば、「年収〇〇〇万円」と書かれていて、それが現職よりも上だった。そのため、「年収がアップする」と思い込んでいた。ところが、それは賞与込みの年収で、手元に入ってくる年収は現職のほうが高かった——。

あるいは、「年収×××万円」と書かれていて、現職よりも高かった。ところが、そこには家賃補助が含まれていなかった。その分を計算したら、現職のほうが手元に入ってくるお金は多かった——。

こういったことは、特に大手企業に新卒入社して、中小企業やベンチャー企業に転職する際に起こりがちです。

くわしくは後述しますが、エントリーの段階で履歴書などに「現職の年収」と「希望年収」を書くことが多いです。また、面接が進んでいくと、たとえ提出書類に「現職の年収」と「希望年収」を書いたとしても、口頭で「今いくらもらっているんですか?」「希望はいくらくらい欲しいですか?」と聞かれることもあります。

そういったことも含めて、「大きなお金」に関しては、事前に書き出して、ざっくりと「あなたの現時点での年収」は把握しておくことをオススメします。

つまり、

①あなたの額面月給×12
②1年間に支給される賞与
③家賃補助（住宅手当）、交通費（定期代など）、積立年金

とし、①+②+③の合計を「現在の年収」として伝えるわけです。

伝える際はこんなふうに伝えます。

「年収の額面は460万円で、その内訳ですが、月々の額面が30万円で、年間の賞与が40万円、家賃補助が年間で60万円出ていました。また、交通費は年間で24万円、積立年金は年間12万円でした」

などです。「家賃補助は年収の一部としてしっかり伝える」「交通費と積立年金は年収とは別扱いできっちり伝える」と良いでしょう。

なお、賞与に関しては、固定賞与なのか業績連動賞与なのかによっても変わってきます。業績連動賞与の場合、会社の規定を伝えた上で支給額を正確に報告するのが〝正解〟です。例えば、会社の規定では年間４ヵ月分の賞与が出ることになっていたが、業績悪化で２ヵ月分しか出なかったとしたら、そのとおり正直に伝えるのです。「できるだけ高い金額で伝えたい」という気持ちはわからないでもないですが、**たとえ業界・業種が違っても、前の会社から住民税や年金手帳が引き継がれる際に、そのあたりの〝ウソ〟は必ずバレてしまいます**。内定通知書には「虚偽申告は解雇できる」という条件が記載されていると思いますので、絶対にやめておきましょう。

面接を通過し、いざ内定となった場合、企業はあなたに内定通知書（あるいは条件通知書）を作成・発行します。それは労働基準法で言えば雇用契約書と同義になる、法的拘束力を持つものです。この通知書を発行するために、人事担当者は社内稟議を通し、ハンコをたくさんもらう必要があります。**その通知書ができ上がった時点で「実は家賃補助のことを言い忘れて**

いたのですが……」などと言われることを人事担当者はとても嫌がります。「この時点で言われても……交渉されても……」と思うからです。あなたの希望を叶えるとなれば、社内で再び掛け合い、その条件を受け入れる必要がありますし、そうなれば通知書を再作成する手間が生じます。そういった経緯で入社できたとしても、あなたの印象はかなり悪くなってしまいます。ひと言で表現すれば「それ早く言ってよ！」という話なのです。

つまり、現職の給与体系が当たり前だと思わないこと！　そして、内訳をわかりやすく説明することが大切。そのために、まずは自分の年収を正確に把握しましょう。

内定通知後に給与交渉をされるのを
人事担当者はとても嫌う。
年収や手当について事前にわかりやすく伝えよう

業界・職種を知りたいなら研究本ではなく専門サイト！

ここからは、業界・職種の研究、および面接を受ける企業の研究について解説していきます。

まずは、業界・職種の研究についてです。

「転職するときに読んでおいたほうが良い本ってありますか？　例えば業界職種の研究本とか？」と、転職希望者に聞かれることがあります。

新卒の就職活動では、大半の人が〝業界研究本〟と言われる本を購入し、読んだのではないでしょうか？　生保・損保、食品、ファッション、鉄鋼、医薬品、化学、商社、金融、通信……など、業界の概要が書いてある本です。

けれども、私は「業界研究本は、残念ながら転職活動においてはあまり役に立たないと思いますよ」と答えています。

これは、あくまでも私個人の感想なのでお許しいただきたいのですが、業界研究本は扱うテーマがマクロ過ぎるため、**転職希望者が知りたいレベルの「粒度の細かい情報」が載っているとは言いがたい**からです。

例えば、商社に関心があったとした場合、総合商社と専門商社では企業規模が大きく違いますし、さらに扱う商材が違えば、別業界と言えるほど異なるのではないでしょうか。それらを1冊で説明するには、すべてをざっくりと説明せざるを得ないわけです。新卒採用では意味を持ちますが、現場の人が面接官として登場し、戦力になるかどうかを見極めていく中途採用では、そのざっくりとした情報を知っても意味がない――というわけです。たとえ、「今まで違う業界にいたので、新しい業界のことを知っておきたいんです」という20代であっても、です。

余談になりますが、「斜陽産業の業界は避けたほうが良いですか?」という質問もよく受けます。この質問には、「あまり気にしなくても良いと思います」と答えています。理由は2つあります。

1つは、私が**「一定期間の活躍」の期間の目安を3年と考えている**からです。3年後に沈んでしまう業界であることが明らかなら避けたほうが良いですが、正直なところ、3年後の予測を正確に立てられる人は世の中で誰もいないと思います。それほど、世の中の変化は劇的です。だからこそ「ハッシュタグを手に入れて自分で人生を創っていく」という考え方が必要なのです。

もう1つは、**斜陽産業とひとくくりにできるのか**ということです。一般的には印刷業界は斜陽産業だなどと言われています。けれども、受注のしかたや取引先との関係構築のしかたを改善して成長している企業もありますし、これまで紙の印刷で得た技術を応用して新分野で成功している企業もあります。逆に、成長著しいと言われるITなどの分野でまったくうまくいっていない企業もあります。どんな業界であっても、成功している企業は成功しているし、失敗している企業もあります。要は、成功・成長する企業を見出し、転職すれば良いだけなのです。入社するのは業界ではなく、企業であり、たった1社だけです。「業界全体が斜陽かどうか?」を見るのは、視点がマクロすぎて、業界研究本を読むのと同じように、転職希望者にとってはあまり意味のないことだと思っています。

話が脱線しましたが、本筋に戻ります。

では、業界研究本の代わりに何を勧めるか?

私は**「その業界の人が見ていそうなウェブサイトをいくつか登録して読んでみては?」**と伝えています。

その業界の人たちはどんなサイトを見ているのか？

インターネット広告業界を例にすれば、ウェブマーケターやウェブ担当者が見ている「Web担当者Forum」、通称〝Web担〟というサイトがあります。SEO、SEM、アクセス解析、マーケティング／広告、UX／CX／ユーザビリティ、サイト企画／制作／デザイン……などに分かれており、それぞれに専門的で密度の濃い内容が載っています。インターネット広告業界に興味・関心があるのであれば、こういったサイトをいくつか見てみるわけです。

「その業界の人が見ていそうなウェブサイトを読んでみる」ことのメリットはいくつかあります。

1つは、**「この業界・職種で自分が一定期間（例えば3年間）働き続けたいと思えるか？」がなんとなくわかる**ということ。もしもこの業界・業種で仕事に就けば、こういったサイトに掲載されている言葉に日々接し、商品・サービスを扱っていくことになります。「読む気にもならない」「見るのもイヤ」というのでは、さすがに厳しいでしょう。

もう1つは、**面接官が抱いている問題意識が想像できるようになる**こと。くわしくは「本番編」（168ページ～）で後述しますが、中途採用における面接官のメインは現場のリーダーになります。「目の前の人間を部下として雇うべきか？」を判断し、採用となれば明日から上司と部下の関係になる——というケースが大半です。

専門サイトでは、現場の問題解決を扱っています。これはつまり、現場リーダーの悩みがここに凝縮されているということです。面接では「その問題解決に自分は貢献できます！」と言えれば良いわけですから、専門サイトに目を通して「ふーん、こういうことが現場での課題なのか……」と知っておくことはすごく意味があるのです。

専門サイトの他にオススメなのは、**業界紙と呼ばれる新聞や雑誌**に目を通すのも良いですし、書籍であっても**深いテーマに絞って詳細に書かれた新書**などを一読してみるのも良いでしょう。

ポイントは、**「あなたが入りたい企業の、上司や同僚になるかもしれない人たちが、日々どんな情報を目にしているか？」という観点**で情報収集先を選ぶということです。

「この業界・職種で自分が一定期間働き続けたいか？」

「面接官となる人たちがどんな問題意識を抱いているか？」

がサイトを読めばわかるようになる

準備編

面接前に企業のHPを読み込み、疑問と興味をメモする

面接を受ける前の重要な準備の1つ。

それは、その企業のことを知ることです。

特別なことは必要ありません。その企業のコーポレートサイトを読み込めば良いだけ。ただ、それだけです。

ところが、これがなかなかできない人が多いのです。「まったく目を通していません」あるいは「アクセスマップだけ見ました」という人が大半です。忙しい中で相手先の研究をするのですから、時間がないと言いたくなる気持ちもわからないではありません。けれども、人生の転機になるかもしれないのですから、なんとか時間を確保して読み込みましょう。

また、中には、「コーポレートサイトに目を通しました」という転職希望者もいます。そこで、「どんな情報に興味を持ちましたか？」などと質問をすると「えっ……特に気になるところはありませんでした」という答えが返ってきてしまうことがあります。

残念ながら、これもNG。「読み込む＝面接の成功につながる準備」でなければならないからです。

では、読み込むとは具体的にどういう行動を指すのでしょうか？

私が転職希望者によく伝えるのは**「疑問と興味を紙にメモする」**ということです。

コーポレートサイトを読み進め、「ん？　これはどういうことか？」と疑問が湧いたらすべて書き出していきます。同じように、興味が湧いたらそれらもすべて書き出すのです。

これをおこなう目的は、主に2つあります。

1つは、**面接通過率が上がる**ということ。書き出した疑問や興味は、面接本番のやりとりの中でそのまま使えるはずです。的を射た疑問や興味を口にすれば、「優秀そうだな。採りたいな」と思ってくれる可能性は当然高まります。

もう1つは、**自分自身の動機が高まる**こと。興味や疑問を書き出せば、「自分がこの企業にどれほどの関心があるか？」がある程度可視化できます。興味や疑問を多く書き出せた企業に対しては、面接へのモチベーションが自然と高まっていくものです。

また、複数の会社でそれをおこなうことで、結果として自分は何に興味を持ち、何には興味がないのかという自分の軸や志向性などの傾向を掴むことができます。

「興味」と「疑問」のチェックをお願いしてみる

余談ですが、私の経営するアクシス株式会社では、転職希望者に「面接を受ける企業のコーポレートサイトを読み込んで、疑問と興味を紙にメモしてきて」という〝宿題〟を出します。そして、その書き出したメモをもとに面談をしています。

その面談中、書き出した疑問の中にこちらで答えられるものがあれば答えてしまいます。例えば、「仕事の成果をどのように測っているか？」という疑問があった場合、「それはこういう評価軸で計測していますよ」などと答えます。

また、書き出した興味が企業の方向性や転職希望者の軸とズレたものであれば「これはちょっと的を外れているかも」などと指摘します。例えば、転職希望者が「将来的には商品ジャンルを増やしていきそうなので関心がある」と思っているものの、実際は絞っていく方向なのであれば「逆ですね」などと伝えます。転職希望者が「お客様の問題解決に時間をかける営業スタイルを求めている」という理由で転職活動をしているのに、売上目標や成果のことばかりに関心があれば「それはあなたの軸とブレていませんか？」などと指摘します。

このプロセスを加えることで、興味や疑問の質がさらに高まるからです。

転職エージェントにサポートを依頼している場合、「興味と疑問を書き出したので見てもらえませんか？」とお願いしてみるのも良いでしょう。

ご自身ひとりでおこなう場合は、まずはいったん感じた疑問や興味をすべて書き出してみる。

その上で、書き出したものを**「企業の方向性とズレていないか？」「自分の軸とズレていないか？」という観点で見直してみる**ことを強くオススメします。

面接を受ける企業のHPを読み込んで、

疑問と興味を書き出してみよう。

面接通過率が上がり、自分自身の動機が高まるはず

事業内容を把握したいなら、その企業の顧客一覧を眺めよ

前項の「面接を受ける企業を知る」に関連して、さらにオススメしたいことが2つあります。

それは、**「顧客一覧（取引先一覧）を眺めてみる」**こと。客先との関係の深さや事業規模など、さまざまなことが見えてくるからです。

例えば、あなたが今まで名前を聞いたことのなかったITシステムコンサルティング企業A社があったとします。ところが、その顧客一覧を見ると、大手企業の名前がズラリと並んでいたとします。そういった企業から仕事を受注できているわけですから、「自分は知らなかったけれども信用・信頼できる会社かもしれない。そして、クライアントとも直接関われる仕事である可能性が高い」と判断できます。

一方、あなたが名前はよく知っていた、同じITシステムコンサルティング企業B社。その顧客一覧には、大手の子会社の名前が多かったとします。ということは、「二次請け先、三次請け先として、プロジェクトに関わっている可能性が高い」と推察できます。

どちらかが良いのかは個人の判断になりますが、給与体系が良く、転職市場で評価をされやすい経験を積める環境なのは、おそらくA社のほうです。

なぜならば、予算の大きな大手クライアントから直接システム開発を受託できている＝利益率が高い可能性が高かったり、直請けの方が上流工程の仕事機会が多く、必然的に社員にもそうした成長機会が巡ってきやすいのです。

「その会社そのもの」を調べることも重要ですが、「その会社の関係先」を調べることで「その会社の輪郭」をあぶり出す——というプロセスも重要です。

顧客一覧（取引先一覧）を眺めてみよう。
そうすれば入社後にどんな相手とどんな規模で仕事ができるのかがわかってくる

本番編

職務経歴書の書き方、
本番でのOK・NG、成功事例……
あなたの人生を変える面接、
その重要ポイントとは？

転職面接で、成功を勝ち取れ!

転職面接では、履歴書よりも職務経歴書！

中途採用面接では、新卒採用と違って、履歴書よりも職務経歴書が重要視されます。

では、「職務経歴書の定形フォーマットはあるのか？」と言えば、特にありません。けれども、「採用担当者が見慣れている一般的なフォーマット」という点であれば、定形フォーマットは存在します。私の会社でもこのフォーマットをベースに職務経歴書の書き方をアドバイスしています。そこで、144～147ページにフォーマットに基づいた作成例を掲載しました。それをもとにポイントを解説していきますが、その前に職務経歴書の構成要素について話をしておきましょう。

〈職務経歴書の構成要素〉

職務経歴書は、以下の要素で構成されています。大半の人は、A4用紙で2～3枚のボリュームになると思います。

①職務要約……新卒～現在までの職務経歴を5～6行で要約します。面接官にもっとも読ま

れ、質問されやすい、目につく箇所です。

②職務経歴……新卒〜現在までの職務経歴を時系列で詳しく書いていきます。

営業職の場合であれば、【新人研修】【営業スタイル】【取引顧客】【顧客件数】【担当地域】【実績】【業務補足】【ポイント】などに分けて書きます。客観的な数字で表せる部分はできるだけ入れてください。

【ポイント】は特筆したいことがあれば記載します。なければ削除でOKです。

【新人研修】は社会人2年目までの方はあれば書いて下さい。なければナシでOK、3年以上の方もナシでOKです。

③活かせる経験・知識・技術……これまでの職務を通じて自分が得てきたハッシュタグについて書きます。

④資格……自動車免許など。もしあれば記載します。

⑤自己PR……それぞれ4〜5行くらいで、3つほどが良いでしょう。

文章形式でもOKですが、箇条書きのほうが書きやすいようです。

「課題→取り組みや工夫とそれをおこなった背景（仮説）→結果」の流れで書くとまとまりやすいです。

次ページより、「営業系」の職務経歴書の作成例を掲載します。

職務経歴書の例

職　務　経　歴　書

20 ●●年●月●日現在
氏名　※※※※

①職務要約

①職務要約
　大学卒業後株式会社●●に入社し、飛び込み営業をメインとした新規開拓の法人営業に約●年従事。その後、●●系メディア「※※※※」の企画営業及び編集業務に携わる。2 年間は新規獲得・取引拡大をミッションとし、[渋谷／新宿／目黒] エリアの小規模店舗を担当。
　●年目からは大手チェーン専門の部署に移り、法人営業へとミッション変更。小規模店舗では出来なかったブランド単位での提案や、全国エリア向けの新企画開始に携わる。また、店舗毎の広告作成だけでなく、●●という媒体を超えたブランディング・メニュー提案や店舗展開のサポート等コンサルティング業務もおこなっている。

②職務経歴

②職務経歴
□ 20 ●●年●月～ 20 ●●年●月　株式会社■■■■
◆事業内容…※※※※※※※※※※※※※※※※※※※※※※※※※※※※※※※※
・その他領域に関わる商品、サービスの提供
◆資本金…※※※※万円　売上高…※※※※万円　従業員…※※※名

期間	業務内容
20xx 年 xx 月 ～ 20xx 年 xx 月	東京本社　営業第一課 / 新人研修
	【新人研修】 ・ビジネスマナー ・教育業界の知識習得（特に、教材販売に関する知識を習得）
20xx 年 xx 月 ～ 現在	東京本社　営業第一課 / 教材等の営業
	【営業スタイル】主に飛び込み営業 【取引顧客】中学 2,3 年生、高校 2,3 年生 【接客件数】1 日平均 15 ～ 20 件 【担当地域】渋谷、港区 【実績】20xx 年度：契約件数 50 件　目標●●件　達成率●%　※同期 16 名中 6 位 20xx 年度：契約件数 70 件　目標●●件　達成率●%　※同期 15 名中 2 位（部署内の優秀賞を獲得） 【ポイント】 ターゲットを絞り、学生だけでなく親御さんの信頼を得る事で営業目標を達成できた。
	課長以下グループメンバー 12 名

□ 20 ●●年●月～現在　　株式会社※※※※
◆事業内容…※※※※※※※※※※※※※※※※※※※※※※※※※※※※※※※※
・その他領域に関わる商品、サービスの提供
◆資本金…※※※※万円　売上高…※※※※万円　従業員…※※※名

期間	業務内容
20xx 年 xx 月 ～ 20xx 年 xx 月	●●事業部　営業部　城南エリア営業所
	飲食領域（主に個人経営）の既存及び新規顧客開拓から広告制作、入稿までの一連作業をおこなう。 【営業スタイル】既存顧客への提案営業、及び新規顧客への飛び込み営業～広告入稿まで 【担当エリア】渋谷／新宿／目黒　　【取引顧客】担当顧客常時約 50 件 【取引商品】※※※※※フリーペーパー、WEB、モバイル商品（全て自社商品）、 同時に新媒体の営業もおこなう。 【実績】20 ●●年●月より単独で新エリア（新宿御苑前）を開拓。 新規営業先店舗リスト約 60 件のうち、1 ヵ月で 28 件の広告掲載を獲得。 【ポイント】 「飛び込み営業」や「複数回訪問」等、エリア担当という立場で営業の基礎を学ぶ。特に新エリアでの新規獲得ミッションの難易度が非常に高く、獲得目標 18 件に対して 15 件まで獲得したところで目標未達成の壁に直面。複数回訪問、置き手紙、周囲の店舗に協力してもらう等、粘りの営業をおこない、お客様から熱意と信頼を買って頂き最終日に受注・達成。当時のマネージャーやメンバーにも支えてもらい、「諦めずに営業し続けることの大切さ」を学ぶ。
	マネージャー以下、部署メンバー 60 名／リーダー 4 名
20xx 年 xx 月 ～ 現在	●●グループへ異動
	【営業スタイル】大手ナショナルチェーン既存顧客の取引拡大、及び新規開拓。 【担当領域】首都圏全域　※※※※、※※※※※※、※※※※※等の法人を担当。 【取引顧客】担当件数は平均 50 件。（事業部内最多） 【取引商品】※※※※※※フリーペーパー、NET. モバイル商品、各チェーン店独自の NET ページ 【実績】 ※ 2010 年 5 月より 8 ヵ月連続　売上げ目標達成。 2010 年 11 月　取引額　12 位（首都圏営業 300 人中） 2010 年 8 ～ 10 月　営業偏差値　5 位（事業部内　法人営業全 60 人中） 2010 年 11 ～ 12 月　取引額ランキング　8 位（首都圏営業 300 人中） 同月　取引件数 95 件　4 位（首都圏営業 300 人中） 2010 年 8 月～ 2011 年 1 月　連続取引　継続率 98% 【業務補足】 店舗の売上アップだけでなく各チェーンのブランドイメージ構築もサブミッションとなる。 今まであまり注力されていなかった法人毎の販促部／メニュー課／広報部の方とも関係性を構築することにより 2010 年 11 月、渋谷／新宿／目黒エリアで初の 1 ページ広告導入が決定。新企画を打ち出すことにより、掲載費用を単月で約 500 万円アップに成功。 また、担当ブランドの新メニュー開発にも携わる。季節やテーマ毎に食材提案をおこない、試食会等を経て新メニュー導入も実現。 【ポイント】 初めての大手法人（チェーンブランド）担当となり、営業方法の違い・知識不足等の大きな壁にぶつかる。今まで先輩が 1 人で担当をしていたクライアントだったため、とにかく営業同行をさせてもらうようにすることにより徐々に先方の部長ともリレーションを構築。その法人内における「ブランド担当の自分」としての立ち位置を確立。次第に信頼を頂けるようになり、出店計画やブランド新企画のご相談等もしていただけるような間柄になった。 また、法人担当となったため広告の規模も大きくなり、自社媒体を超えた他媒体とのコラボレーション等提案の幅も拡大。それにより、店内販促物やキャンペーン等を発注していただくという流れも創出することが出来た。
	ゼネラルマネージャー以下、渉外メンバー 8 名、営業メンバー役 15 名

③活かせる経験・知識・技術

③活かせる経験・知識・技術
・法人に向けた企画提案営業（5 年）
・原稿作成時のデザイナー・モデル・撮影のディレクション業務（1 年半）
・外部商品とのメディアミックス及び大型提案（1 年半）
・販促コンセプトの立案・企画、および販促物の制作経験（1 年半）
・短期間での関係性構築力（特にクレーム案件で引き継いだお客様ほど信頼をいただきます）
・仕事のスピード／達成意欲／生産性の向上

④資格

④資格
・普通自動車第一種免許　・TOEIC 720 点

⑤自己 PR

⑤自己 PR
・顧客の課題解消をする提案営業力（例）
　営業の経験が浅い時代は、自社のメリット訴求に終始してしまい、数を追いかけるものの決定率が低いという課題がありました。そこで、アポイント前に競合や商圏環境などの情報収拾を綿密におこない、顧客のニーズや課題を仮説立ててぶつけることで、より深い潜在ニーズの顕在化ができ、顧客に納得していただける形で商談を進めることができました。

　結果、アポイントメントからの商談成約率が●%から●%にアップしました。
・多様な関係者とのリレーション構築と進行管理（例）
　チームのリーダーとして任命された際に、自社だけではなく取引先の社員、役員クラス、発注先の担当者など、立場や思惑が違うメンバーのために、なかなか業務が進まない状況に陥りました。そこでまず、最終目的の合意形成を促す内容の MTG を設定し、逆算してスケジュールを組んだのちに、各者の思いを汲み上げつつも着地点をぶらさない方向性で合意形成をおこなうように綿密な会話の中で進めていきました。

　そして、コミュニケーションの際には各々の人物タイプに合わせて納得感の生み出しやすいスタイルをとり、協力関係を構築することで、当初の納期より前倒しで納品することができました。

以上

①職務要約

大学卒業後株式会社●●に入社し、飛び込み営業をメインとした新規開拓の法人営業に約●年従事。その後、●●系メディア「※※※※」の企画営業及び編集業務に携わる。2年間は新規獲得・取引拡大をミッションとし、[渋谷／新宿／目黒] エリアの小規模店舗を担当。

●年目からは大手チェーン専門の部署に移り、法人営業へとミッション変更。小規模店舗では出来なかったブランド単位での提案や、全国エリア向けの新企画開始に携わる。また、店舗毎の広告作成だけでなく、●●という媒体を超えたブランディング・メニュー提案や店舗展開のサポート等コンサルティング業務もおこなっている。

②職務経歴

□ 20 ●●年●月～ 20 ●●年●月　株式会社■■■■

◆事業内容…※※※※※※※※※※※※※※※※※※※※※※※※※※※※※※※※

・その他領域に関わる商品、サービスの提供

◆資本金…※※※※万円　売上高…※※※※万円　従業員…※※※名

期間	業務内容
20xx 年 xx 月 ～ 20xx 年 xx 月	東京本社　営業第一課 / 新人研修
	【新人研修】 ・ビジネスマナー ・教育業界の知識習得（特に、教材販売に関する知識を習得）
20xx 年 xx 月 ～ 現在	東京本社　営業第一課 / 教材等の営業
	【営業スタイル】主に飛び込み営業 【取引顧客】中学 2,3 年生、高校 2,3 年生 【接客件数】 1 日平均 15 ～ 20 件 【担当地域】渋谷、港区 【実績】 20xx 年度：契約件数 50 件　目標●●件　達成率●%　※同期 16 名中 6 位 20xx 年度：契約件数 70 件　目標●●件　達成率●%　※同期 15 名中 2 位（部署内の優秀賞を獲得） 【ポイント】 ターゲットを絞り、学生だけでなく親御さんの信頼を得る事で営業目標を達成できた。
	課長以下グループメンバー 12 名

※社会人 2 年目までの方はあれば書いて下さい（なければナシで OK）。2 年以上の方もナシで OK です。

※客観的な数字で表せる部分はできるだけ入れてください。

特筆したいことがあれば記載して下さい。以下例文。なければ削除で OK です。

□ 20 ●●年●月～現在　　株式会社※※※※

◆事業内容…※※※※※※※※※※※※※※※※※※※※※※※※※※※※※※※※

・その他領域に関わる商品、サービスの提供

◆資本金…※※※※万円　売上高…※※※※万円　従業員…※※※名

期間	業務内容
20xx 年 xx 月 ～ 20xx 年 xx 月	●●事業部　営業部　城南エリア営業所
	飲食領域（主に個人経営）の既存及び新規顧客開拓から広告制作、入稿までの一連作業をおこなう。 【営業スタイル】既存顧客への提案営業、及び新規顧客への飛び込み営業～広告入稿まで 【担当エリア】渋谷／新宿／目黒　　【取引顧客】担当顧客常時約 50 件 【取引商品】※※※※※フリーペーパー、WEB、モバイル商品（全て自社商品）、同時に新媒体の営業もおこなう。 【実績】20 ●●年●月より単独で新エリア（新宿御苑前）を開拓。 　　　新規営業先店舗リスト約 60 件のうち、1 ヵ月で 28 件の広告掲載を獲得。 【ポイント】 「飛び込み営業」や「複数回訪問」等、エリア担当という立場で営業の基礎を学ぶ。特に新エリアでの新規獲得ミッションの難易度が非常に高く、獲得目標 18 件に対して 15 件まで獲得したところで目標未達成の壁に直面。複数回訪問、置き手紙、周囲の店舗に協力してもらう等、粘りの営業をおこない、お客様から熱意と信頼を買って頂き最終日に受注・達成。当時のマネージャーやメンバーにも支えてもらい、「諦めずに営業し続けることの大切さ」を学ぶ。
	マネージャー以下、部署メンバー 60 名／リーダー 4 名
20xx 年 xx 月 ～ 現在	●●グループへ異動
	【営業スタイル】大手ナショナルチェーン既存顧客の取引拡大、及び新規開拓。 【担当領域】首都圏全域　※※※※、※※※※※※、※※※※※等の法人を担当。 【取引顧客】担当件数は平均 50 件。（事業部内最多） 【取引商品】※※※※※※フリーペーパー、NET、モバイル商品、各チェーン店独自の NET ページ 【実績】 ※ 2010 年 5 月より 8 ヵ月連続　売上げ目標達成。 　2010 年 11 月　　　取引額　　　　　　12 位（首都圏営業 300 人中） 　2010 年 8 ～ 10 月　営業偏差値　　　　5 位（事業部内　法人営業全 60 人中） 　2010 年 11 ～ 12 月　取引額ランキング　8 位（首都圏営業 300 人中） 　　　　同月　　　　　取引件数 95 件　　4 位（首都圏営業 300 人中） 　2010 年 8 月～ 2011 年 1 月　連続取引　継続率 98% 【業務補足】 店舗の売上アップだけでなく各チェーンのブランドイメージ構築もサブミッションとなる。 今まであまり注力されていなかった法人毎の販促部／メニュー課／広報部の方とも関係性を構築することにより 2010 年 11 月、渋谷／新宿／目黒エリアで初の 1 ページ広告導入が決定。新企画を打ち出すことにより、掲載費用を単月で約 500 万円アップに成功。

	また、担当ブランドの新メニュー開発にも携わる。季節やテーマ毎に食材提案をおこない、試食会等を経て新メニュー導入も実現。 【ポイント】 初めての大手法人（チェーンブランド）担当となり、営業方法の違い・知識不足等の大きな壁にぶつかる。今まで先輩が1人で担当をしていたクライアントだったため、とにかく営業同行をさせてもらうようにすることにより徐々に先方の部長ともリレーションを構築。その法人内における「ブランド担当の自分」としての立ち位置を確立。次第に信頼を頂けるようになり、出店計画やブランド新企画のご相談等もしていただけるような間柄になった。 また、法人担当となったため広告の規模も大きくなり、自社媒体を超えた他媒体とのコラボレーション等提案の幅も拡大。それにより、店内販促物やキャンペーン等を発注して頂くという流れも創出することが出来た。	
	ゼネラルマネージャー以下、渉外メンバー8名、営業メンバー約15名	

③活かせる経験・知識・技術

・法人に向けた企画提案営業（5年）
・原稿作成時のデザイナー・モデル・撮影のディレクション業務（1年半）
・外部商品とのメディアミックス及び大型提案（1年半）
・販促コンセプトの立案・企画、及び販促物の制作経験（1年半）
・短期間での関係性構築力（特にクレーム案件で引き継いだお客様ほど信頼をいただきます）
・仕事のスピード／達成意欲／生産性の向上

④資格

・普通自動車第一種免許　・TOEIC 720点

⑤自己PR

※文章形式でも良いのですが、箇条書き形式の方が書きやすいとおっしゃる方が多いです。それぞれ4～5行くらいで、3つほどが良いと思います。「課題→取り組みや工夫とそれをおこなった背景（仮説）→結果」となるように書くとまとまりやすいです。

・顧客の課題解消をする提案営業力（例）

営業の経験が浅い時代は、自社のメリット訴求に終始してしまい、数を追いかけるものの決定率が低いという課題がありました。そこで、アポイント前に競合や商圏環境などの情報収集を綿密におこない、顧客のニーズや課題について仮説を立ててぶつけることで、より深い潜在ニーズの顕在化ができ、顧客に納得していただける形で商談を進めることができました。

結果、アポイントメントからの商談成約率が●%から●%にアップしました。

・多様な関係者とのリレーション構築と進行管理（例）

チームのリーダーとして任命された際に、自社だけではなく取引先の社員、役員クラス、発注先の担当者など、立場や思惑が違うメンバーのために、なかなか業務が進まない状況に陥りました。そこでまず、最終目的の合意形成を促す内容のMTGを設定し、逆算してスケジュールを組んだのちに、各者の思いを汲み上げつつも着地点をぶらさない方向性で合意形成をおこなうように綿密な会話の中で進めていきました。

そして、コミュニケーションの際には各々の人物タイプに合わせて納得感の生み出しやすいスタイルをとり、協力関係を構築することで、当初の納期より前倒しで納品することができました。

以上

アクシス株式会社のHP［https://axxis.co.jp/］で、作成例をワードファイル形式でダウンロードできます。ご自身の職務経歴書を作成する際の雛型にしてください。

職務経歴書を書くときは、ここに注意せよ！

前項で職務経歴書の一般的なフォーマットについてはご理解いただけたと思いますが、ここでさらに「作成する際の留意点」について触れておきます。

①冒頭の「職務要約」は、触れてほしい強みを要約せよ！

これまでの経験や知識をもとに、入社後に活かせるあなたの強みをコンパクトにまとめましょう。志望動機にもつながる大事な部分です。

②「職務経歴」は、新しい順に上から書く！

履歴書の場合、上から「古い順」に書くことが多いのですが、職務経歴書の場合は「現在どんな仕事をしているのか？」あるいは「直近でどんな仕事をしていたのか？」を採用担当者は知りたいので、新しい順(現在)から書き始め、遡っていくほうが良いでしょう。もちろん「そうしなければいけない」という決まりではありませんが、忙しい採用担当者の気持ちを想像すると、そのほうが親切だからです。

③「職務経歴」は、会社ごとにボックスを分ける！

すでに数回転職している場合は、会社ごとにボックスを分け、各々について【営業スタイル】【取引顧客】【顧客件数】【担当地域】【実績】【業務補足】【ポイント】などの項目（営業職の場合）を箇条書きします。

④「てにをは」がおかしいだけで書類選考に落ちることも！

忙しいのでついつい「書きっぱなしで読み直さずに送ってしまう」という転職希望者が多いのですが、必ず読み直しを。採用担当者は、これまでに何百、何千という職務経歴書に目を通していますから、

「『てにをは』がおかしい」
「誤字・脱字がある」
「英数字などの全角・半角が統一されていない」
「いろいろな書体を使っていて、読みづらい」
「意味の区切りで適切な改行がされていない」

といったポイントにすぐに気づきます。こういった部分があれば、必ず修正した上で完成さ

せましょう。なお、職務経歴書は横書きですから、私たちの会社では英数字は「半角統一」をオススメしています。

「そんな小さなことが面接の成否に影響するの？」と思うかもしれませんが、「かなり影響します」というのが私の答えです。なぜなら、それは「あなたの仕事ぶりを連想させる」からです。「書類を作ってほしい」と頼んだら、日本語のおかしな間違いだらけの書類だった……としたら、そんな人はやはり採用したくありませんよね？　ですから、読み直すひと手間はとても重要なのです。

⑤小学生相手でも伝わるくらい具体的に書く！

「5W1H」は、みなさんよくご存じのように「Who（だれが）」「When（いつ）」「Where（どこで）」「What（なにを）」「Why（なぜ）」「How（どのように）」を指し示す言葉です。この言葉自体は誰もが知っているのですが、実際の文章作成でこの基本をおろそかにしてしまうことが多いのです。

特に異業界転職の場合、「5W1H」は非常に重要です。採用担当者があなたのいる（いた）業界のことをまったく知らない可能性があるからです。私の会社では、極端な言い回しですが、転職希望者に「相手が小学生でもわかるくらい具体的に書いてください」と伝えています。

⑥「定量的」に書くこと！

要は、「できるだけ数字で表現しましょう」という意味です。

「頑張った」「精一杯やった」「責任感を持って仕事にあたった」などの表現は、職務経歴書では使わないようにしましょう。主観によるからです。

また、「プロジェクトリーダーとして大きな成果を挙げた」と書いてしまう人も多いのですが、これも主観によります。同業界であればそれでも成果の大きさを推察してくれるかもしれませんが、異業界の場合はまったくピンとこないはずです。必ず数字で表現します。

ただ、数字で表していればOKかと言えば、そうでもありません。「月間300万円の売上を達成」と書いても、それが多いのか少ないのかはわかりません。例えば、同僚が500万円を売り上げているのに300万円を売り上げていれば、少ないわけですから。

では、どのように書くべきか？

「比較」することです。ちなみに比較の方向性は2つあります。

1つは、**「他者との比較」**です。

「10人の同僚の平均売上が100万円のところ、私は300万円を達成してきた」と言えば、大きな成果を挙げたことが伝わりますよね？　また、営業系の場合、「新人同期100人中3位」など、先輩を入れず（成績ではかなわないことも多いので）新人に絞った上で自分の実績を伝えるという方法も、実践テクニックとしてあります。もちろん、それなりの実績を挙げていることが前提になります。

もう1つは、**「ビフォー・アフターの比較」**です。

「前年実績から150%の売上を達成しました」などの表現は、この典型例。時間軸で比べてみるわけです。「上半期に○○という騒動があり、市場全体が低迷しましたが、下半期で20%増の売上を挙げました」なども、ビフォー・アフターの例と言えます。

なお、「私は事務系の仕事なので、数値化できません」という質問を受けることが多いのですが、「生産性を上げた経験」を数値化し、ビフォー・アフターで比較してみれば良いのです。例えば、事務職で主な仕事が入力作業だったとして、通常は1時間かかっていた入力作業を30分で終わらせるようになったとしましょう。その場合は、「入力作業で200%の生産性向上を実現しました」などと表現できます。**「言えることが何もない」ということは絶対にありません。過去と今とを比べて、あなたの業績を数値化してみましょう。**

本番編

職務経歴書の中身は、相手企業ごとにチューニングを！

私は転職希望者に、**「どんなに忙しい状況であっても、職務経歴書は相手の企業に合わせてチューニングしましょう」**ということは伝えています。

例えば、転職希望先として、あなたが人材業界、ＩＴ業界、教育業界を考えていたとします。そして、人材業界のA社に向けて作成した職務経歴書を、ほとんど何も手を加えずにIT業界のB社、教育業界のC社にも送付してしまう……というミスです。

わかりやすい例で言えば、ＩＴ業界のB社に対して「企業と人をマッチングする人材業界なら、自分が今まで得てきた『個人と商品をマッチングする』という経験が活かせるのではないか」などと送ってしまうケースです。職務経歴書を読み慣れた採用担当者は「ん？　これは他社用に作成した職務経歴書をコピペして送ってきたな」とすぐに気づきます。**「○○業界」「○○社」など具体的な業界名、社名、業種名、職種名など、相手によって変更すべき箇所は、必ず2回以上チェックしましょう。**そのひと手間が大切です。

また、志望動機や強みの部分は、業界や企業の特徴などにより、少しずつ変わってくるはずです。そこは手を抜かずにしっかり変更しましょう。

もしもあなたの現職が営業職だとして、今回も営業系で志望する場合は自分の経験の中で「新規開拓が得意でどんどん開拓していた」という部分を強みにして職務経歴書を作成したほうが相手に刺さるでしょう。ところが、WEBマーケティング系の職種で採用されたいのなら、話は違ってきますよね。「業務プロセスを分解し、行動設計をするのが好きで得意でした。例えば、100件のアポイントメントに対し、10件提案して、3件クロージングして……といったデータ集計をして、かつ各プロセスに行動改善を加えることで、契約件数がアップしていくことにやりがいを感じてきました」といった点をアピールしたほうが当然相手に刺さるはずです。

要は、相手の企業が「あなたに何を期待したいのか？」を考える必要があるのです。そこで、あなたの軸とまったくズレたことを訴求する必要はないし、あなたの経験からまったく引き出せない強みを語る必要はありません（そこまで無理をしないとあなたとその企業の共有ゾーンが見つからないのであれば、その企業はあなたの転職先としては間違っています）。

私はよく転職希望者に「相撲部屋に入りたいのに足が速いことをアピールしてもムダだよ」という喩《たと》えを用いて、チューニングの重要性を説明しています。

中途採用面接で面接官は何を聞いてくるのか？

中途採用面接で面接官が見ているもの――。

それは「定着性」と「継続的活躍性」です。

「あなたは私たちの会社になじんで頑張り続けられますか？ それを証明できるものを教えてくれますか？」（定着性）

「あなたは私たちの会社で成果を挙げ続けられますか？ それを証明できるものを教えてくれますか？」（継続的活躍性）

面接本番では、質問の表現が違ったり、いろいろな人から聞かれることになりますが、この2つをひたすら聞かれ続けることになります。

それらの質問に対してあなたは、

「御社になじんで頑張り続けられますよ。なぜなら……」

「御社に成果を挙げ続けられますよ。なぜなら……」

とひたすら答えていくわけです。

あなたの答えに「なるほど！　たしかに」と面接官が思えば採用。あなたの答えに「本当かな……？　お金と時間をかけてまで採用するメリットはあるのかな？」と面接官が思えば不採用。簡単に言えば、これが転職面接の構造です。

ですから、どんな質問に対しても、あなたの「定着性」と「継続的活躍性」につながる終わり方をすべきなのです。

となると、**絶対に避けたいのは「何でも正直に面接官に話すのが良い」という勘違いの部分です。**より正確に言えば「何でも正直に面接官に話すだけ」で回答を終える――という間違いを避けたいのです。

話をわかりやすくするために、極端な例を1つ挙げます。面接官があなたの職務経歴書を見ながら「なぜあなたはAの部署からBの部署へと異動になったのですか？」と質問したとしましょう。そのときあなたが「内示が出たからです」と答えたらどうでしょうか――？　この答えで「そうなのですね、内示が出たからなのですね。ウチになじんで（定着性）、成果を挙げてくれそう（継続的活躍性）だな」とは絶対に思わないのです。

たしかに内示が出たからという答えは本当かもしれませんが、面接官の質問の意図は事実確認ではありません。「異動という事実をあなたがどう受け止め、どのような思考と行動によって成果を出し続けたのか？」なのです。

大切なことなので何度も書きますね。

・面接官があなたに質問する目的は、「ウチの会社になじんで（定着性）、成果を挙げ続けてくれる（継続的活躍性）かどうか？」をチェックすること

・あなたが面接官に回答する目的は、「御社になじんで（定着性）、成果を挙げ続けられますよ（継続的活躍性）」とアピールすること

なのです。

「なぜあなたはAの部署からBの部署へと異動になったのですか？」という質問をされた場合、「Bの部署でチームリーダーの経験者を募りたいということで声がかかりました。始めは、気心知れたAの部署を離れるのは正直さみしいと思いましたが、新しいBの部署で成果を挙げることが自分にとって良い経験になると思い、異動しました」といった内容を盛り込むべきなのです。

その回答で面接官は「採りたい！」と思いますか？

「何でも正直に面接官に話すだけ」で回答を終えるのはNGという話をもう少しだけ続けます。例えば、「あなたはなぜ今のお仕事を辞めたいと感じたのですか？」と聞かれたとします。

その際、「今の会社は残業がきつくて月に１００時間近くあって、身体を壊しそうなので辞めたいんです」と答えたらどうでしょうか？　それはあなたの本音かもしれませんが、企業も慈善事業をやっているわけではありませんから「かわいそうなあなたを救ってあげよう」とは残念ながら思ってはくれません。けれども、今の会社から脱出したいと考えている転職希望者は、疲れや忙しさも相まって、グチに近い本音だけを思わず語ってしまいがち。これは非常によく見られる傾向です。

誤解してほしくありませんが、「決して本音を言うな」ということではないのです。中途採用の面接官も「現職に不満は持っているだろう」とは思っているのです。けれども、**面接で聞きたいのは、本音を伝え、その状況を自分なりにどう捉え、どのように頑張っているのかということ**。「定着性」と「継続的活躍性」を話の締めに持ってきてくれなければ、面接官は「なるほど！　たしかに」とは思えないのですから。さらに言えば、「今の会社を選んだのは自分だろう」と思われてしまう可能性があります。「前の会社も、前の前の会社もブラックで……」などとグチばかりこぼせば、「もしかしてこの人は会社を見る目がないのでは？」とか「この人は不運なのでは？」と思われ、「ウチもその不運に巻き込まれそうだな……」などと敬遠されてしまいます。

では、どんなふうに答えるのが良いのか？

例えば、「今の会社は残業が月に１００時間近くあり、毎晩10時より前に退社することはない会社です。ただ、自分としては生産性を上げて残業時間をできるだけ減らし、その分を読書など学びの時間に充てたいと思い、月に80時間まで減らしてきました。そのプロセスの中で、よりお客様に寄り添うことで生産性を上げ、かつ個々の学びの時間を大切にする御社の姿勢に惹かれていきました」などと表現できたらどうでしょうか？　厳しい現状を受け止め、改善しようと行動し、かつ成長しようとしていることも伝わるのではないでしょうか。そうすれば、面接官が「ウチになじんで成果を挙げてくれそうだな」と感じてくれる確率が高まります。

右の例を通して学んでいただきたいのは「こんな感じでうまくしゃべれば良いんだな」という口先だけのテクニックではありません。

残業時間の長さを単にぼやくだけでなく、**残業時間を減らすための具体的な行動をし、その事実をしゃべることが重要**――ということ。つまり、あなた自身が現職で「定着性」と「継続的活躍性」を証明できることエピソードとなる行動を取っていることが大事なのです。

あなたの合否は面接終了30分後には決まっている

なぜ面接官は「定着性」と「継続的活躍性」というキーワードに基づいてあなたにさまざまな質問をしてくるのでしょうか？

端的に言うと〝合否を判断するためのデータ収集〟をするためです。

面接官は、あなたとの面接を終えて30分ないしは1時間以内に、必ず社内の上司や同僚などに報告する機会を持ちます。そのときに必ず伝えるのが、

「面接を通過したか？　今回で見送るか？」

「その理由は何か？」

だからです。つまり、**あなたの合否は面接終了30分後にはすでに決まっている**ということ、その際には「なんとなく印象が良いので……」といった主観的な理由ではなく、**客観的なデータを添えて報告・判断される**ということです。

〝合否を判断するためのデータ収集〟なので、転職希望者＝面接される側が頭に入れておかなければならないのは、面接官は「通過させる理由」とともに「お見送りする理由」も探してい

るということです。

「質問の意図」に答えなさい

では、どうすれば「お見送りする理由」を面接官に与えず、「通過させる理由」を面接官に与えられるのか？

私はよく転職希望者に、

『相手の質問』に答えるのではなく、『相手の質問の意図』に答えなさい」

という話をしています。

前項で「なぜあなたはAの部署からBの部署へと異動になったのですか？」「内示が出たからです」というやりとりを紹介しましたが、これは「お見送りする理由」になります。相手を「私たちが知りたいのはそんなことじゃないんだよ！」という気持ちにさせてしまう、つまり質問には答えているけれども質問の意図には答えていないからです。

ちなみに、**自分が話す内容を丸暗記し、棒読みで口にしてしまうのもNG**です。「どんなときでもその答えを言うってことは、要は私たちの質問をしっかり聞き取ってから答えているわけじゃないんだね」と思われるからです。そのような棒読みの人がチームの一員になることを想像してみてください……「柔軟性がなく機転が利かなそう」と思われて、「一緒に働くのはイヤだな」と思われてもしかたありませんよね。

面接の通過率をアップする3つの〝ナシ格言〟

中途採用面接の通過率を上げるために、重要ポイントが3つあります。私はそれを〝格言〟のように唱え、転職希望者にお伝えしています。

格言1／事前練習ナシで臨む面接は、素振りをせずに打席に入るようなもの！
格言2／1つとして同じ企業ナシ！　1社ごとに面接準備をせよ！
格言3／面接後の振り返りは必ずおこなうこと！　振り返りなくして改善ナシ！

です。1つずつ見ていきましょう。

〈格言1／事前練習ナシで臨む面接は、素振りをせずに打席に入るようなもの！〉

事前練習ナシでいきなり面接本番に臨む――これは〝転職活動あるある〟の最たる傾向です。

新卒採用のときにはある程度おこなっていたはずの面接対策＝事前練習。ところが、中途採用では面接対策をおこなわない人が大半です。そこには三大理由が存在します。**「サポート**

してくれる人がいない」「忙しい」「慣れていると思い込む」の3つです。

新卒就職活動の際は、学校が面接対策講座を開いてくれたり、学生同士で面接に関する情報交換をしたりしますよね？　社会人にはそのような機会がありません。転職活動は、孤独で個別性の高い戦いとなります。

また、忙しくて疲れているのも大きな理由。学生時代のほうが余裕があり、面接対策に時間を割きやすいでしょう。

さらに、社会人経験を積み、日頃からいろんな人とコミュニケーションを取る中で、「面接は会話の延長なのだから大丈夫」と思ってしまうのです。特に営業のトップセールスなどは「商品を売り込むのと自分を売り込むのはまったく一緒だ」と勘違いし、練習ナシで臨んで大失敗してしまうことが多いです。

残念ながら、会社がある、上司や先輩がいる、売る商品やサービスが決まっているという「普段の営業」と、何をどう売ったらいいのかをあなた自身で考えなくてはいけない「自分の営業」はまったく違います。自己分析をおこない、その上で整理された言葉を相手との会話の中でしっかりと伝えるには、あたりまえですが入念な準備・練習が必要です。

面接の流れや重要ポイントは〈面接本番のポイント〉（168～214ページ）で後述しますが、何よりも重要なのは、ポイントを理解した上で実際に面接のシミュレーションをおこなってみることです。

オススメしたいのは、

①友人や知人に協力してもらい、面接官役を引き受けてもらう

②「このような流れで質問してほしい」というお願いをまとめた紙を用意する

③面接官役に質問してもらい、模擬面接をおこなう。実際の面接の雰囲気に近い空間（会議室など）でおこなうのが望ましい

④模擬面接の流れを動画撮影しておく。その動画を見直し、「もっと良い答え方はないか？」「表情や話し方で直したほうが良いところはないか？」などをチェックする。可能であれば、面接官役となってくれた人にもフィードバックをもらう

⑤①〜④のプロセスを少なくとも3回は繰り返し、面接の流れを体得し、かつ面接でのコミュニケーションをブラッシュアップする

……という方法です。

事前練習ナシで面接に臨むというのは、野球に喩《たと》えると「バッティングセンターに通うこともせず、ましてや素振りすらせずに、いきなり試合本番で打席に立つ」ということと同じです。

もちろん、打席には立てます。「三振してもいいや」と思っているのなら、それでも良いのです。けれども、バットに当てたい、ヒットを打ちたいと思っているのなら、絶対に練習はすべきです。オススメの練習方法を3回おこなっても、2時間はかからないはず。その2時間で、あなたの人生が左右されるのですから。

ちなみに、笑顔の重要性に関しても甘く見ている人が多いようです。

私たちの会社では、転職志望者と面談し、その人の表情が硬い場合に「鏡の前で5回口角を上げる練習をしてください」といった宿題を出すことがあります。なぜなら、その表情のまで面接をおこなっても落ちてしまうことが明白だからです。

さきほど、「面接で『笑顔が素敵だから』という主観的なデータは通過させる理由にならない（面接後に上司や同僚に伝える理由としては不適だから）」と書きましたが、その逆は存在します。**「『笑顔がない』という主観的なデータはお見送りの理由になる」のです。**なぜなら、それは働く上での最低基準だからです。「この人と働きたくないな」という印象を与えると、残念ながら面接には受からないのです。

ぜひ、笑顔についても、動画を撮影したり、鏡を見てセルフチェックし、うまく笑えていない場合は練習を重ねてください。

〈格言2／1つとして同じ企業ナシ！　1社ごとに面接準備をせよ！〉

私の会社では、転職希望者に面接対策を必ずおこなっています。面接対策としては主に、

・**「面接を受ける企業のHPを読み込み、疑問と興味をメモしたか？　それはどんな内容だったか？」のチェック**（「準備編」の情報収集のしかた（135〜138ページ参照））

・**対面あるいは電話による模擬面接**

です。

ちなみに、転職希望者が5社面接を受けるとしたら、私の会社では5回面接対策をおこないます。なぜなら、企業ごとに面接重視ポイントは少しずつ異なるからです。

企業のHPを読み込み、疑問と興味をメモすることで、その企業のビジネスモデルやカルチャーはある程度把握できます。それらと自分の軸をすり合わせ、企業ごとにチューニングを加えながら「御社になじんで（定着性）、成果を挙げ続けられますよ（継続的活躍性）」をどうアピールするか——を考えておく必要があります。

〈格言3／面接後の振り返りは必ずおこなうこと！　振り返りなくして改善ナシ！〉

人生の重要な転機なので、複数の企業を面接することもあるでしょう。その際は、必ず1社ごとに振り返りをおこないましょう。

やり方は簡単です。面接を思い出しながら、「面接官の質問主旨」と「自分の回答主旨」を箇条書きにしていきます。そして、面接官の質問の意図をきちんとくみ取り、その上で「御社

になじんで（定着性）、成果を挙げられますよ（継続的活躍性）」とアピールできたかどうかを見直してみるのです。**これをおこなうと、「緊張していて何を質問されたのか覚えていない」「質問の内容にただ正直に答えただけで何のアピールにもなっていなかった」など、次の面接に向けての改善点がたくさん見つかります。**

私の会社でも、この振り返りは非常に重要視し、必ずおこなっています。ただし、振り返りをおこなう前に、「滞りなくひととおり答えられました」「自分の言いたいことをすべて言えました」といった感想をもらったときには「おや？　面接はあまりうまくいかなかったのかな？」と不安になります。

なぜなら、「滞りなくひととおり答えられた」と自分が感じているときは、「相手の質問」に答えてばかりで「相手の質問の意図」に答えていない場合が多いからです。

そして、「自分の言いたいことをすべて言えました」と自分が感じているときは、自分の言いたいことを言うのに精一杯で余裕がなく、相手と会話のキャッチボールができていない場合が多いからです。実際、一緒に振り返りをおこなってみると、イヤな不安が的中してしまうことが多いのです。その不安は、そのまま結果に直結します。

改善なくしてこのまま次の面接に向かっても、結果は同じです。だからこそ、振り返りをおこない、客観的に自己分析して改善する必要があるのです。

面接の回数や場所、そして面接官はどんな人か？

転職面接は、どこで、誰によって、どんな流れでおこなわれるのでしょうか？　企業ごとに面接の考え方などが異なるので「これが唯一の正解」というものは当然ながら存在しませんが、「基本的にはこのような感じでおこなわれる」というスタンダードは経験上存在します。

〈面接の回数、場所、面接官〉

面接の回数は2回のところが多く、相手企業の会議室などでおこなわれるのが大半。面接官は、一次面接では「採用人事担当」「現場リーダー（あなたの上司になる可能性がある人物）」「採用人事担当＋現場リーダー」の両名」のいずれかのパターンであることが多いです。

中途採用面接の大きな特徴は、「現場リーダー＝あなたの上司になるであろう人物」が面接官として登場してくること。 中途採用では「我がチームにはこのような人物がいない、だからそのメンバーを探したい」という理由で募集をおこなっているので、〝将来の上司〟が面接官として目の前にいる可能性が非常に高いのです（新卒の一括採用では、配属先は入社後に検討されるので、このようなことはありません）。ここが非常に重要で、その人物が「社会人としてどうなのか？」「メンバーの一員として活躍できないのではないか？」と思ってしまったら、即断でNGとなってしまいます。「連絡を入れることもなく面接の予定時刻に遅れる」などはその最たる例です。

また、二次面接では、経営陣（部長・役員など。経営規模の小さな企業では社長など）が面接を担当することが多いです。また、採用人事担当や現場リーダーでもう一度面接（二次面接）をおこない、最終意思確認的な場として役員クラス同席の三次面接を設ける企業もあります。

なお、現職の社員を面接することが多い中途採用面接では、面接は平日の夕方以降（通常勤務時間以降）におこなわれるのが基本です。つまり、現場リーダーの面接官は、自分の本来の業務を終えた後、わりと疲れた状態で面接に臨んできます。

もちろん〝将来の部下〟を探すプロセスなので、面接官は真剣かつ必死なのですが、**「面接官の皆さんは業務を終えた後にこの面接をしてくれているんだ」という大前提を理解できていると、あなたの言葉遣いや表情、言動などがかなり変わってくるはずです。**「本日はありがとうございます」というひと言にも実感がこもりますし、「無断で遅刻」や「自分は忙しい＆疲れているアピール」、「ダラダラと説明してしまう」などのミスもしなくなるはずです。

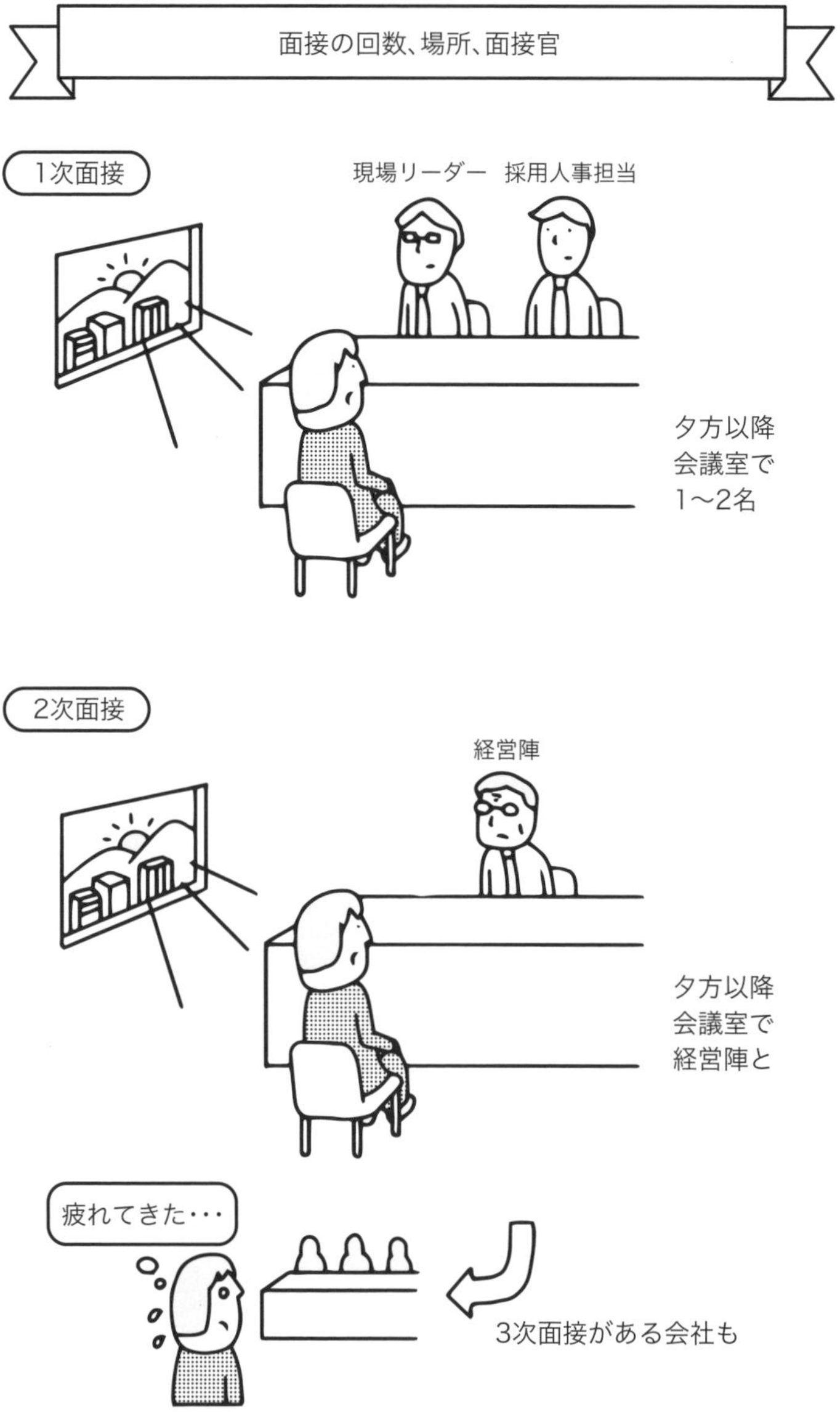
面接の回数、場所、面接官
1次面接
現場リーダー
採用人事担当
夕方以降
会議室で
1〜2名
2次面接
経営陣
夕方以降
会議室で
経営陣と
疲れてきた・・・
3次面接がある会社も

面接のおおまかな流れを頭に入れておこう

では、面接はおおよそどのような流れで進むのでしょうか？　次に示す流れは、一次面接、二次面接とも基本的に同じです。なお、1回の面接時間ですが、短い企業で30分、長いところで1時間です。

必ずしもこの順番どおりにいくわけではなく（⑥のあとに⑤を聞かれることもある）、またすべてを聞かれるわけでもありません（二次面接では⑧を省き、二次面接で⑧を重点的に聞かれることもある）が、これが基本的な流れといえます。

①～⑪の各項目に関しては、次項以降で各々くわしく解説していきます。

〈一次面接と二次面接の違いについて〉

なお、一次面接と二次面接の違いについても触れておきます。

一次面接では、主に職務経歴や転職理由の聞き取りをおこなっていきます。そのやりとりを

面接の流れ（一次、二次とも共通）

面接前

①面接の受付（P174）

↓

②応接室などで待機（P174）

面接本番

③挨拶（P179）

↓

④自己紹介・自己ＰＲ（P179）

↓

⑤転職理由・退職理由に対する質問（P184）

↓

⑥志望動機に対する質問（P189）

↓

⑦職務経歴書に沿って、具体的に深掘り質問（P193）

↓

⑧仕事観や適性、自社との相性を見るための質問（P198）

↓

⑨逆質問（P204）

↓

⑩他社の選考状況に関する質問（P210）

↓

⑪入社後の希望に対する質問（P210）

通して、転職希望者は「コミュニケーション能力が一定以上あるか？」「転職理由がネガティブで他責な理由ではないか？」「自社と合いそうな雰囲気があるか？」などをチェックされます。簡単に言えば、**一次は「必要最低限の情報をくまなく聞き取る＋自社との相性をチェックする」というのが目的です。**

一方、二次面接は、基本的な聞き取りを終え、自社との相性などにいちおうの〝合格点〟を与えた者が対象となります。そのため、例えば「あなたが仕事でもっとも大事にすることはなんですか？　それはなぜですか？」など**仕事観や人生観などより深い価値観についての質問が二次では投げかけられる可能性が高くなります。**また、直近の業務をやりきれるかどうかという視点でもチェックされます。「こういう仕事があった場合、あなたならどうしますか？」という業務内容が、実際にあなたが任される可能性のある仕事であったりもします。

〈持ち物について〉

通常、職務経歴書を2部、履歴書は原本1通とコピー1通を一次面接会場に持参します。面接開始時に職務経歴書1通と履歴書（原本）を面接官に渡し、職務経歴書1通と履歴書のコピーを自分の手元に置いて面接を受ける——が一般的なスタイルです。

面接の受付および応接室などで待機する場合のポイント

面接の流れ（172ページ参照）における、①面接の受付および②応接室などで待機する際の注意点を解説します。

〈①面接の受付〉

面接先企業への訪問時刻についてですが、**私は「面接担当への受付は3分前に済ませる」ことをオススメしています。** 1階に総合受付があり、何十階のフロアに面接会場があるような企業の場合は「総合受付は10分前、面接担当への受付は3分前」をすすめています。理由は、面接官が現場のリーダーであることが多いので、とても忙しいからです。

〈②応接室などでの待機〉

一般的には、面接室に通されて「おかけになってお待ちください」と言われることが多いと思います。アシスタントの方が、面接官が入ってくるまでにお茶などを出してくれることもあります。「おかけになってお待ちください」と言われて爽やかに「ありがとうございます」と言えるか、「コーヒーとお茶、どちらがよろしいですか?」と言われてすぐにはっきり答えられるか……など、さまざまなところを実はチェックされています。

受付時のNG行動は？

面接に遅刻するのは厳禁、社会人として言語道断です。面接先の企業のビルまではどんなに早く着いていても良いのですから、早めの到着を心がけましょう。

注意したいのは「自分の意気込みを伝えたくて、早く受け付けしてしまう」ケースです。例えば、30分前に面接担当への受付をしてしまったらどうなるでしょうか？　面接官の大半はご自身の業務を抱えながら、面接もおこないます。おそらく面接時間直前まで自分の仕事をしたいはずですから「待たせてしまって申し訳ない。なるべく早く切り上げなきゃ」というプレッシャーを与えてしまいます。また同時に「こんなに早く来るなんて……空気を読んでほしい」と思わせてしまうかもしれません。つまり、早すぎて安心できるのは自分だけ。相手はまったく心地良くないのです。**相手にとってうれしい時刻に訪問する――これも面接を成功させる重要ポイントの1つなのです。**

また、受付の人も面接官の1人だと認識すべきです。面接官は面接後、たいてい受付の人に「受付のときの態度はどんな感じだった？」と聞き取りをおこないます。なるべく素の状態のあなたの態度を把握しておきたいからです。面接では愛想よくニコニコとしていたが受付の人には横柄な態度を取っていた――というのでは、「大切なお客様に会わせることはできない」と判断され、次の段階に進むのは難しいでしょう。

受付＆応接室などで待機の場合のポイント

受付は早すぎても遅すぎてもいけない！

早すぎず
遅すぎない
時間だ

□面接担当への受付は３分前に済ませる

□総合受付がある場合は、
　総合受付10分前、
　面接担当への受付は３分前を目安に

応接室で待機する際、こんなところまでチェックされている！

or

□「おかけになってお待ちください」と言われて
　爽やかに「ありがとうございます」と言えるか？

□「コーヒーとお茶、どちらがよろしいですか？」と
　言われてすぐにはっきり答えられるか？

□お茶を出されて「ありがとうございます」と言えるか？

□自分の持ち物をコンパクトにイスの上や
　足元に置いているか？

面接官が入ってきた瞬間に与える第一印象は大切！

□すぐにイスから立ち上がり、
　自分から「こんばんは」などと挨拶できるかどうか？

ガチャ
ビクッ

POINT

受付は早く着きすぎても面接官に迷惑をかける！
応接室での待機ではすべてを細かく見られている！

待機時のNG行動は？

面接官が入室してきた際、すぐに立ち上がり、自分から「こんばんは」などと挨拶できるかどうかもポイントです。この瞬間が面接官とのファーストコンタクトですから、まさに第一印象。良い印象を与えられるかどうかが、その後の面接の成否を分けます。

ちなみに、私は営業職時代、応接室や会議室に通された場合、必ず下座（入口ドアに近い側）のイスにいったん行き、自分からは座らず立っていました。「上座にどうぞ」そして「お座りください」と言われて初めて、上座に移動したり、座ったりしていました。

努力を怠った「自分らしさ」はNG

よく転職希望者の口から「自分らしい態度で面接に臨みたい」と言われることがあります。「普段あまり笑わず、ぼそぼそしゃべる自分が、ハキハキと『ありがとうございます』と答えるのは不自然じゃないか」というわけです。でも、それは残念ながら間違った考え方だと私は思います。敢えて強い言葉で言わせてもらうならば、**「自分らしさ」を理由に弱点を克服する努力を怠っているだけ、逃げ込んでいるだけなのです。**今まで「やっぱり、さわやかに、笑顔でコミュニケーションを取られたほうが相手もうれしいよね」と自覚し、実践したことがなかっただけなのです。そんな自分の努力不足、自覚不足を「自分らしさ」を盾に守るのはやめたほう

受付＆応接室などで待機の場合のNG
こんにちは
自分から挨拶できないとNG
もう
座ってる・・・
「お座りください」と
言われる前に座るとNG
ぼそぼそしゃべるのが
私の個性で・・・・
努力を怠った「自分らしさ」はNG

がいい、と言いたいのです。

そんなふうに「自分らしさ」を持ち出してくる転職希望者に対して私は「印象操作」という言葉をよく使って解説します。**「受付や待機、面接官の入室などで良い印象を残すようにしよう。大いに印象操作をしたほうがいいですよ、第一印象が良いことはあなたと面接官の関係を円滑にし、成否を大きく分けるのだから」——と。**

あなたと同じ人生を歩んできた人など誰もいません。そこにあなたなりの将来の展望を加えていけば、その時点で唯一無二の「自分らしさ」になるのです。自分らしさを発揮するのはその部分であり、無愛想だ、無表情だというところで「らしさ」を訴求する必要などありません。

挨拶および自己紹介・自己PRのポイント

この項では、面接の流れ（172ページ参照）における、③挨拶および④自己紹介・自己PRを解説します。

〈③挨拶〉

挨拶は「簡単な個人情報＋名前＋感謝の言葉」の1セットでおこなうのが通例です。**「こんばんは、○○株式会社に勤務しております、○○○○と申します。本日は貴重なお時間をいただき、どうもありがとうございます」**といった内容です。

〈④自己紹介・自己PR〉

はじめの挨拶を終えると、ほとんどの場合、「それでは自己紹介（自己PR）をお願いできますか？」と言われるはずです。

「それでは職務経歴を交えて、簡単に自己紹介をさせていただきます」といった切り出しで自己紹介・自己PRをおこなうのが自然です。このときまず意識しておきたいのが時間の長さです。**自己紹介・自己PRは30秒〜1分間を目安におこないます。**

挨拶および自己紹介・自己ＰＲのポイント

挨拶で重要なのは「感謝の気持ち」！

重要なのは「感謝の気持ちを誠実に伝えて
面接をスタートさせる」こと！
そうすれば……

➔ 面接官はとても忙しい立場。その立場に共感し、
感謝の言葉を伝えれば、
面接官はあなたの言葉を受け入れやすくなる

➔ あなた自身から「自分は忙しい」
「自分は今の会社をとにかく辞めたい」といった
感情に任せた主張が自然と出なくなる

自己紹介・自己ＰＲの注意点

1）最終学歴から現職の職務経歴について、特に強調したい点を
コンパクトにまとめる

2）今回の転職の志望動機にも少しだけ触れる

3）ＭＶＰ獲得などの特筆すべき成果があれば織り込む（必須ではない）

著者の例

青山学院大学を卒業後、新卒で人材紹介業をおこなうリクルートエージェントという会社に入社し、約３年間、法人向けの中途採用支援の営業をしていました。東京の市場開発部に約２年、京都の支社に約１年おりました。その中で、計６回のＭＶＰを獲得してきました。今後、無形商材の法人営業のスキルをさらに磨きたく転職を考えておりまして、今回ご面接の機会を賜りました。どうぞよろしくお願いします

POINT

感謝から面接を始めよ！
自己紹介・自己ＰＲは簡潔に！

挨拶や自己紹介時のNGは？

「自分のことだから本番で何とかなるだろう」と思うと、どうしてもダラダラと長くなってしまいます。必ず練習をしましょう。私の知っている例では過去に「自己紹介で10分もしゃべってしまった」という人がいます。自己紹介で話す内容は基本的に職務経歴書に書いてあるわけですから、前振りに過ぎません。この前振りを合図に、深掘り質問が始まるわけです。それなのに10分も話してしまえば、「この人は自己紹介の基本的役割がわかっていないのでは？」「空気を読まずに一方的に話すタイプなのかな？」などと思われてしまいます。

ちなみに転職を何度か繰り返している場合、職務経歴書にはきちんと記載すべきですが、自己紹介・自己PRで必ずしもすべての経歴を口にする必要はありません。30秒～1分間に収めるために、「～などを経て」という言い方でいくつかの経歴を省略しても良いと思います。

また、「自己紹介・自己PRを、練習したとおり完璧に言おう」という意識が強すぎるのも問題です。本書で何度も書いているとおり、面接は面接官とのコミュニケーション。**「自分の想定どおりに言いたいことが全部言えた」という誤った目的を達成したところで、相手の面接官が「棒読みだな」「自分の伝えたいことを伝えるので精一杯でこちらの反応を無視しているな」などと思われてしまっては、〝完璧な自己紹介〟がむしろマイナスの印象になってしまうのです。**

慌てず、相手の言葉を聞き取って対応する

なお、〝完璧な自己紹介〟を目指すタイプの中に、面接官から「自己紹介をお願いできますか？」と言われる前にしゃべり始めてしまう人もいます。コミュニケーションなので、相手の言葉を聞き取り、相手に促されてから話し出すようにしましょう。

さらに意気込みの空回りの例として、プレゼン資料を作ってきて自己紹介のタイミングで渡してしまうケースがあります。パワーポイントの分厚い資料を用意し、「御社の事業内容を分析したので聞いてください」などと何十分もしゃべってしまうケースです。

自分の意気込みを伝えたい、自分の強みを伝えたい——という気持ちはわからなくはありません。けれども、30分～1時間という限られた時間でいきなり大幅な時間を使うのはマイナスです。事業分析結果や自己紹介の資料を面接官に渡したいのであれば、面接がひととおり終わった後に「最後に申し訳ありません。自分自身の意気込みを伝える意味で、自分なりに御社の事業内容を分析し、こういうことをやってみるのはどうでしょうか、という資料を作ってまいりました。お目通しいただけたらありがたいです」などと伝え、〝お土産〟のような形で渡すのが最適です。

面接官の表情や態度を見ながら慌てずに対応しましょう。**紹介、PRなどと聞くと「伝えなきゃ」という思いが先走ってしまいがちですが、「相手に満足してもらう」ということを念頭**

挨拶や自己紹介時のNG

分厚いプレゼン資料を面談中に渡すのはNG

に置いてコミュニケーションすることが大切です。

そこでオススメしたいのは、自分で草稿を作って実際に時間を測りながら読み上げる練習です。「転職面接で棒読みは良くない」と書きました（161ページ参照）が、**自己紹介・自己PRに関しては、まず「自分が面接官に伝えたいキーワード」を書き出した草稿を作り、そのキーワードを押さえながら話す練習を繰り返します。**もしも棒読みっぽい語りになってしまうのであれば、面接前までに棒読みに聞こえないレベルでしゃべれるようにする必要があるのです。

転職理由・退職理由に対する質問についてのポイント

この項では、面接の流れ（172ページ参照）における、⑤転職理由・退職理由に対する質問を解説します。

〈⑤転職理由・退職理由に対する質問〉

自己紹介・自己PRが終わると、転職理由・退職理由に対する質問に移行することが多いです（職務経歴書の深掘り質問、志望動機の質問に行く場合もあります）。

「どういう経緯で転職をお考えになったのですか？」

などの聞き方で質問されます。

このときに大切なポイントが2つあります。

1つめは、転職したい理由を自分自身の中でしっかりと整理し、正直に話すこと

2つめは、さらなる成長・飛躍を求めて御社に入りたいという内容で締めること

です。

転職理由・退職理由に対する質問についてのポイント

転職したい理由を自分自身の中でしっかりと整理し、正直に話す

転職はほとんどの場合、現職(現状)に何かしらの不満があっておこなうもの。中途採用面接をしている面接官も「転職したい何らかの理由があるはず」と当然思っている。それなのに「今の職場に何の不満もありません」と答えたら「今の会社でいいんじゃないの？」と思われ、「この人は入社しても上司や同僚に自己開示できないのでは？」などと判断される。

今の会社は
サイコーです
どうして転職
するんだ？

さらなる成長・飛躍を求めて御社に入りたいのだという内容で締める

だが、転職したい理由を正直に話すだけでは、面接官も「転職理由さえ払拭できればそれでゴールなのかな。うちに入社して転職理由を解決できた後は、どうしていきたいんだろう？」という気持ちに……。あなたが面接官に回答する目的は「御社になじんで(定着性)、成果を挙げ続けられますよ(継続的活躍性)」というアピールなのを忘れずに。

POINT

- **転職を考えるきっかけになった事実は？**
- **その事実を自分はどう解釈したか？**
- **どのような改善を行ってみたのか？　それをどう再解釈したのか？**
- **それを踏まえて、自分がどのような軸で転職活動をしているのか？**
- **御社でどんな成長・活躍をしていきたいか？**

……といった流れで話をすると良い

転職理由・退職理由に対する質問時のNG

転職はほとんどの場合、現職（現状）に何かしらの不満があっておこなうものです。ただ、そのネガティブな面を隠したがり、言いたがらない人も転職希望者の中には多いものです。

私たち転職エージェントにすら、転職したい真の理由を語りたがらない人もいます。そんなとき、私たちは「自己開示してください」と伝えます。そこがわからなければ、同じような環境に転職してしまうリスクもありますし、本当に成功と言える転職先を一緒に探すのが難しいからです。

「今の職場に不満はない」と言ってしまう背景の1つに、「プライドが高く自分を高く売りたい」という心理があるように思います。この心理が強すぎて、「転職する気はないんですが……」「絶対転職しなくてはいけないという状況ではないのですが……」などと言ってしまう人も少なからずいます。一見有効な駆け引きのように勘違いしてしまうかもしれませんが、「今さらこの場でそんなことを言うかね？」と思われても仕方ありません。

また、「今の職場に特に不満はないんですが、何か新しいことにチャレンジしたくなって……」といった、ふわっとした理由も同様にNGです。面接官からすれば「人生の重要な選択肢である転職を、かなりふわっとした理由でおこなうんだな。ウチの会社に入って、そんなふわっとした理由で辞められても困るな」という気持ちになるでしょう。

「今の職場は自分がやりたいことと違った」「今の職場は残業が多い」「職場の人間関係が自分には合わない」など、**転職したい理由は自分に正直になりましょう。**

事実と解釈はしっかりと分ける

ここで注意点があります。それは「事実」と「解釈」を分けて考えるということです。

例えば、「今の上司が本当にとんでもないパワハラ課長で……」というのはあなたの解釈。けれども、「今の上司が『休日も返上してとにかく仕事を獲ってこい』と指示する人で……」というのは事実。転職理由を話すときは、まず事実を淡々かつしっかりと述べ、その上で自分自身の解釈をあまり感情を出し過ぎることなく補足します。**決して、「誰かが悪い」「誰かのせい」といった、悪口・他責にならないように気をつけてください。**

また、**「自分なりに考えて現状改善を試みたが、物理的・構造的にどうしても無理だった」という事実を加えることも重要です。**例えば、「20代のうちにマネジャーを経験したいと思い、3年間高い成果を出してきたのですが、社内の制度として20代のマネジャー昇格は受け入れられないとのことでした」などが、これにあたります。

この「現状改善を試みた」という部分は、自分の過去を振り返って出てくるものではありま

転職理由・退職理由に関するNG
パワハラ
課長の
せいで・・・
悪口ばかり
だな・・・
ふわっ
何か新しいことを
はじめたくて・・・
悪口・他責はNG

ふわっとした理由はNG

せん。当然ながら「実際にそのような行動を取る」ことでしか語ることはできません。

よく「会社や上司の方針に大きな違和感を覚えて……」という事実だけを転職理由として語っている人がいます。このとき、面接官は「改善する努力はしてみたの?」とシンプルに思います。また、転職希望者から語られた環境がどんなに辛いものであったとしても、面接官は「現状に不満があれば、その環境を変えようと努力するのではなく、辞めてしまう人なのかな」というふうに感じてしまうのです。さらに言えば、面接官は「その会社を選んだのは結局あなただよね?」とシビアな見方をしてきます。

「不満の多い職場であるが、その中で少しでも現状改善しようと精一杯考えて行動してみた」という事実が、あなたの転職を成功に導くのです。

志望動機に対する質問についてのポイント

この項では、面接の流れ（172ページ参照）における、⑥志望動機に対する質問を解説します。

〈⑥志望動機に対する質問〉

志望動機は、「準備編」のキャリアビジョンの構造図（32〜33ページ参照）や自己分析シート（64〜73ページ参照）を使っておこなった書き出し作業が生きてきます。大切なのは、

・**「自分のありたい姿」と「現在のあなた」とのギャップを埋めるアクションプラン**
・**面接先企業の特徴**（ビジネスモデル、仕事内容、カルチャーなど）

その2つの重なる共有ゾーンが、あなたの語るべき志望動機だということ。別の言葉で表せば、**「あなたの得たいハッシュタグと応募する企業があなたに任せる仕事内容や会社の環境などが同じである」**ということです。例えば、現在IT企業で法人営業をしているあなたが「10年後に一流ブランドのマーケティングディレクターになりたい、そのために今回チームマネジメントの経験を積みたい」と思っているとします。そして、企業側は「ITの知識をもつ人材を獲得したい、できればチームをまとめていってほしい」と感じていたとします。その場合、共有

志望動機に対する質問についてのポイント

●IT企業からブランドのマーケティング職への転職の場合

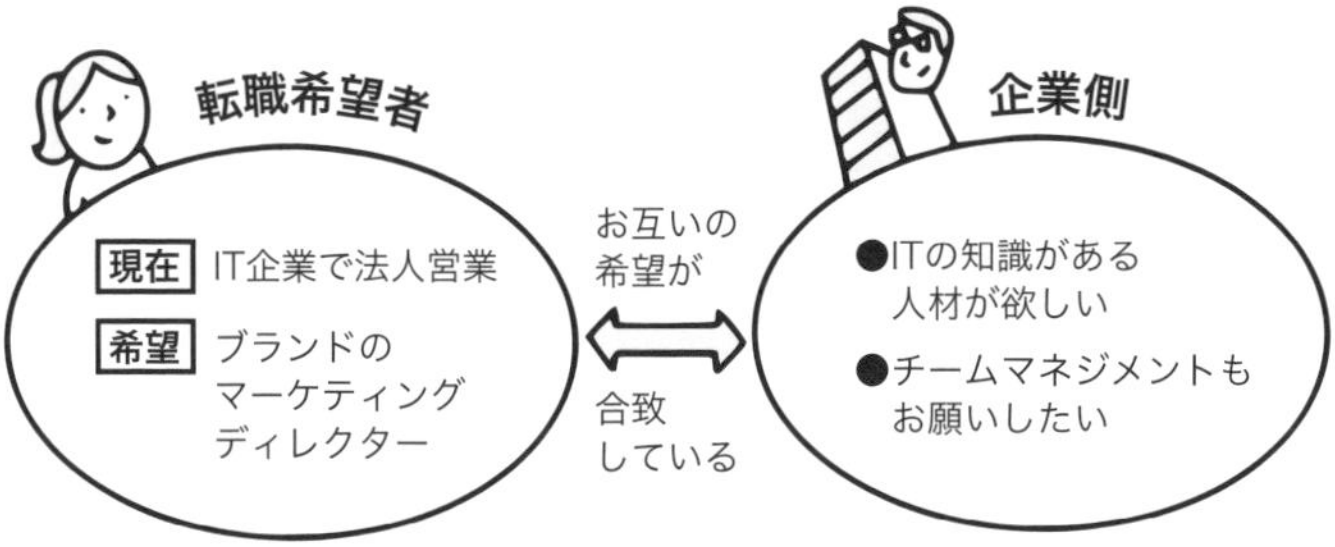
転職希望者
現在 IT企業で法人営業
希望 ブランドのマーケティングディレクター
お互いの希望が
合致している
企業側
●ITの知識がある人材が欲しい
●チームマネジメントもお願いしたい

志望動機のベストな答え方

今回、これまでに自分が得たITの知識・経験を生かし、チームのリーダーとして活躍できる環境を探して転職活動をおこなっています。ITの知識・経験は積みましたが、チームリーダーとしての経験はありません。けれども、この１年間で３人の後輩の教育係としてチーム力を上げるための行動を取り、チーム全体で２００％アップの成果を挙げ、大きなやりがいを感じました。御社で、さらにチームリーダーとしての経験を積ませていただき、成長できたらうれしく思っています

この場合、ハッシュタグは「＃IT」「＃チームリーダー」の２つと言える。この２つにフォーカスして、志望動機をブレさせないようにする

POINT

「企業はあなたに求めたいものは何か？」

「あなたが企業で得たいものは何か？」

そこにフォーカスして、志望動機を話すようにしよう

ゾーンは大きく、得たい・得てもらいたいハッシュタグは同じであると言えます。よって、この〝商談〟は成立する可能性が高いのです。

「人に勧められたから」はNG

「志望動機を語る」ということは、「転職活動の軸の表明」であるにもかかわらず、よくやりがちな間違いがあります。それは「転職エージェントに紹介されたから」など、人に勧められたという理由だけで語ろうとすることです。

たしかに、最初のきっかけはそうなのかもしれません。けれども、面接官が「転職はそれなりに人生を左右する決断なのだから、自分なりに分析し、納得した上でおこなうものではないの？　あまり物事を深く考えず、優柔不断で、何事にも流されやすい人なのでは？」と疑ってもしかたありません。非常に失礼な態度なのです。にもかかわらず、現職で忙しい転職希望者は、そこまで気が回らず、面接官に失礼な態度を取ってしまう人が多いのです。

転職エージェントだけではありません。「親に勧められたから」「大学時代の友人に勧められたから」なども同様です。また、「よくテレビCMで名前を聞くから」などの浅い理由も同じく失礼にあたります。**大事なのは「あなたが」なぜこの会社に入りたいと考えているのか、を話すことなのです。**きっかけが転職エージェントの紹介だとしたら、それを隠す必要はまったくありません。そこは正直に言えばいいのです。ただ、その先が重要ということ。「最後は自

「人に勧められたから」はNG

入れれば
どこでも！
NG
だめだ
こりゃ
NG
親に勧め
られたから
マザコン
なのか？
NG
CMでよく
見たので・・・
すいぶん
古いタイプの
テレビだな

分自身が強く惹かれて面接を受けに来たのだ」ということを伝えるべきなのです。逆を言えば、もしも「自分で入りたいと思ったのでここに来ました」という気持ちになれないのであれば、そもそも面接を受けないほうが良いのではないでしょうか。

また、志望動機に関する質問の中で、「他にどういった業界・職種を考えていますか?」「他にどういった企業の面接を受けていますか?」といった企業の選定軸についても聞かれるはずです。このとき選定に一貫性が感じられないと、面接官は「もしかして『入れればどこでもいい』という気持ちで受けているのかな?」と疑問を抱きます。自分自身の軸に沿ってさまざまな面接先を選んでいることを自分の言葉でしっかりと伝えましょう。

職務経歴書に沿った深掘り質問についてのポイント

この項では、面接の流れ（172ページ参照）における、⑦職務経歴書に沿って、具体的に深掘り質問を解説します。

〈⑦職務経歴書に沿って、具体的に深掘り質問〉

面接官は、面接開始時などにあなたから手渡された職務経歴書を机の上に広げ、職経歴の部分を見ています。そして、

「概要は職務経歴書に書いていただいていますが、より詳しく教えていただいてもいいですか？」

などといった言葉で質問をされます。

そこでまず、あなたはあなたの口で職務経歴をざっと語ることになります。

さて、あなたの口で職務経歴をざっと語った後に、あなたはさまざまな深掘り質問をされることになります。

「あなたが負っていた毎月の数値成果はどれくらいですか？」

「それは社内の他の同様の職種の人と比べて大きいものですか？」

「達成実績はどれくらいだったのですか？」

などです。

まず、あなたの職務の構造や状況を把握する質問が投げかけられると思います。目標、予算など、数字に関するものを他者（ライバル企業、他店舗、同僚など）と比べる形でわかりやすく答えましょう。

面接官が聞きたいのは「どうやって成果を出してきたのか？」の1点

その上であなたは、

「目標未達の場合、どのような改善を施しましたか？」

「それによってどのような成果がありましたか？」

「逆に失敗したと思ったことはどんなことがありましたか？」

などの質問をされることになります。

これこそが、面接官の質問の核心です。ここまでの質問は、いわば単なる前振りに過ぎません。つまり面接官は、

「あなたはどうやって成果を出してきたのですか？」

ということを聞きたいと思っているのです。

職務経歴書に沿った深掘り質問についてのポイント

「5W1H」を意識してわかりやすく話す

異業界転職の場合、これが非常に重要。面接官があなたのいる（いた）業界の当たり前をまったく知らない可能性がある。小学生でも情景がはっきり思い浮かべられるくらい具体的な語りを心がける。特に自分の担ってきた規模や役割範囲はしっかり伝える。

アパレルの売り場担当から
ＩＴ業界への転職面接の場合の回答例

女性服を販売する店舗の副店長をやっています。店長１人、私のような副店長が１人、メンバーが正社員３名とアルバイト７名の総勢12人の体制です。副店長の役割としては、店舗接客はもちろん、日間・月間の業務管理、アルバイトの採用と教育、それからディスプレーのコンセプトを毎週考えて変更する……といったことです

今までの職場で成果を出してきたことを伝えよう

語りの巧拙ではなく、改善プロセスを求められている。「どんな数字を達成するために（目標）、あなたが何を考え（発想）、どんな工夫をしたら（改善行動）、どうなったか（結果）？」ということを具体的に伝えよう。

POINT

以下のことを整理して話そう。

どんな数字（目標）を達成しようとした？
そのためにどんなことを考えた（発想）？
そのためのどんな工夫（改善行動）をした？
すると、どうなった（結果）？

深掘り質問に対するNG

異業界転職の場合、さらに想定される質問に、

「あなたの今までの経験が、うちの業界、うちの会社でどのように活かせると思いますか？」

があります。当然聞かれる質問なので、言葉に詰まるのはNG。自分なりの答えを用意しておきましょう。例えば、「業界は違うのですが、『お客様の期待を察知し、先回りして商品を用意する』ということは現職を通じて磨いてきました。御社の営業職に就いても、その経験は活かせると思います」といったように、両者に共通する能力を言語化しておくと良いでしょう。

また、少し高度になりますが、

「もしも弊社に入社していただいた場合、あなたのお客様が求める価値は何だと思いますか？」

と質問されることもあります。これは「あなたの直接的なお客様は誰か？」ということが本当にわかっているか、また「ウチの会社がどのような価値観が大事だと考えているか？」が本当にわかっているか、の2つの意味で聞いています。例えば、営業職で面接を受けていれば、お客様は本来ならば社外にいます。ところが、営業事務で面接を受けていれば、ここで問われて

深堀り質問に対するNG

お客様が
求める価値は？
NG
「お客様」って
誰だろう？
あなたの経験を
ウチでどのように
活かしますか？
NG
・・・
ぽか～ん

いる「お客様」の意味がイコール「社内の営業」になるわけです。営業事務で面接を受けている場合、「お客様という意味では外のお客様になるわけですが、私にとっての直接的なお客様は、私がサポートすべき営業の方々だと思います。営業の方々は忙しい中でサポートを依頼してくると思うので、正確かつ迅速に書類作成などをおこなうことが大事だと考えます」などと答えるのが〝正解〟となります。

　また、ここで大事になってくる価値は、会社の理念や価値観とも通底しています。そういった**会社の理念や価値観をわかった上で面接を受けに来ているのかどうかも見られているわけです。**

仕事観や適性、自社との相性を見る質問についてのポイント

この項では、面接の流れ（172ページ参照）における、⑧仕事観や適性、自社との相性を見るための質問を解説します。

〈⑧仕事観や適性、自社との相性を見る質問〉

仕事観や適性を問う質問として代表的なものは、

「今まで仕事をしてきた中で、いちばん辛かったことはどんなことですか？」

「仕事をしていて、どんなときにあなたはいちばんやりがいを感じますか？」

の2つです。これらの質問は一次面接よりも二次面接で多く聞かれる傾向があります。


これらを通して面接官が聞きたいのは、**「本当に頑張り切れる人なのか？」**ということです。志望動機などは、前向きな言葉だけを並べることも可能です。けれども、実際の仕事では、泥臭いこと、大変なこともしなければならない場面が出てきます。「良いことを言っているけれど、実際に頑張れる人なのか？　もしも頑張れる人間だとしたら、その頑張りの動機は何なのか？」といった人間的な厚みの部分を知りたいのです。そして、**「あなたがどれくらい当事者意識を持って仕事に向き合ってきたか？」**も見られています。

仕事観や適性、自社との相性を見る質問についてのポイント

●「いちばん辛かったこと」で面接官は何を聞きたい？

「辛かったことの辛さの度合い」ではない。「辛かったことをあなたはどう向き合い、乗り越えたのですか？　その具体的方法を教えてください」ということ！回答の核とすべきは、あなたの創意工夫や努力、アイデア、行動など。

回答例

× 「明日がプレゼンという日に、資料に掲載していたデータが出典不明だったことが発覚して徹夜作業になってしまいました」

○ 「明日がプレゼンという日に、資料に掲載していたデータが出典不明だったことが発覚し、このデータは使えないことになりました。そこで急遽、上司に〝データ収集の鬼〟と呼ばれる他部署の先輩につないでもらい、チームメンバーを率いて会いに行き、アドバイスを仰ぎました。そして、ある者は国会図書館に、ある者は海外サイトにアクセスしてデータを再収集し、徹夜でプレゼン資料の再作成をおこないました。おかげさまでそのときの契約は取れたのですが、それ以降はデータの出典について第三者のチェックを事前に仰ぐ体制を作り、同じミスを繰り返さないようにしました」

●「いちばんのやりがい」で面接官は何を聞きたい？

自分の仕事の「解像度」を高められる人物か、またその理由を分析できる人物かを見ている。営業の場合であれば、「受注した瞬間なのか？」「難易度の高いお客さんの課題に対して複雑な提案をおこない、それが受け入れられたことなのか？」「チームの業績目標達成に貢献できたことなのか？」……「どの瞬間にもっとも強く感じているか？」「どんな気持ちになっているのか？」「自分をそう思わせる理由は何なのか？」のセットで答えられると良い。

回答例

「お客様から契約が取れた時、特に契約が取れた後にその会社を出て、仲間とガッツポーズをしている瞬間が最高に気持ち良いですね。自分は『チームで勝てた』ということが何よりも喜びと感じているので、仲間の苦労が報われたときにいちばん喜びを感じます」

POINT 面接官の質問の意図を汲み取って答えよう

自社との相性を問う質問でのNG

自社との相性を問うものとしては、

「転職先を選ぶ上で、何を重視しますか?」
「あなたの強み・弱みを教えてください」
「3~5年後、ビジネスパーソンとしてどうなっていたいですか?」
「ウチに入社したら何をやりたいですか? 短期的には? 長期的には?」

の4つが代表的です。ここでは相性に対する質問のNG回答を扱っていきます。

まず1つめの**転職先を選ぶ上での基準**ですが、ここであらためて自社の企業理念や方向性など基本的な部分のすり合わせがおこなわれます。

非常にわかりやすい例をあげると、年功序列の企業に面接に行って「若くても実力があればどんどん登用してくれる企業に入りたいです」と言っても、「ウチはそういう社風ではないので……」となってしまうのでNGです。

また、同時にあなたの転職軸が一貫性のあるものかどうかも再度問われています。あなたの転職したい理由が「社内の決断に時間がかかり、成長スピードが遅いから」だったのに、転職の基準が「安定」だったとしたら、面接官も「えっ?」となりますよね?

2つめの**強み・弱み**の質問ですが、面接官の意図は「自分自身を客観的に分析できているか？」を見たいと思っていること、それから「強みよりも弱みを素直に教えてほしい」と思っていることの2つです。「弱い部分はありません」と伝えてしまうと、「自己分析のできない人間なのか？」と思われてしまうのでNGです。中途採用ではミスマッチを避けたいという思いが新卒採用よりもさらに強く働きます（そうでないとお互いが不幸になる）から、純粋な意味で弱みを知っておきたいのです。弱みは、しっかり伝えましょう。

では、ここでどんな強み・弱みを分析し、伝えれば良いのか？「強みは自信を持って伝え、弱みは弱いが改善の工夫はしていると伝える」のがオススメです。例えば、営業は得意だが経費精算が苦手だったとしたら、「数字への達成意欲は人一倍強く、常に先回りした行動を取ることは自分の強みだと思っています。その一方、経費精算などの社内業務を納期どおりにおこなうことは少し苦手でして……ただ、後輩の手本になるべく上司にTo Doリストをチェックしてもらうお願いなどをして改善しています」などでしょうか。ネガティブなままでは終わらせないものの、弱い部分はあるということをしっかり伝えるのです。それが入社後のミスマッチを防ぐことにもなります。

3つめの**ビジネスパーソンとしてどうなっていたいか**の質問ですが、「ウチに入社したら何をやりたいか？」に似ています。けれどもここでは、「どんな企業に入社しようとも、自分はこのようなレベルを目指したい」という自分自身の目標やビジョンを聞かれていると思ってください。その目標やビジョンを聞けば、現在の市場をどう捉え、その中で自分の立ち位置をどう捉えているかが面接官にはわかります。

この質問に対する回答は「現在の自分のポジションを踏まえ、どのような能力や知識＝ハッシュタグを手に入れ、将来的にどうなりたいのか？」を語るということです。例えば、「これまでの自分はＩＴ企業の営業職としてＩＴの知識、そしてお客様との折衝能力を身につけてきました。今後３年間で教育業界の営業経験はもちろん社内におけるチームマネジメント能力を身につけ、『チームで勝つ』ことに貢献できる人材になりたいです」などでしょうか。ご自身としての回答を考えてみてください。

４つめの**我が社に入った場合の短期的・長期的ビジョン**ですが、これは「本当に長くいるつもりで考えてくれているの？」「ウチに入ったらどんな活躍してくれるの？」という、まさに「定着性」と「継続的活躍性」をセットにした質問です。「３年はこの会社で頑張りたい」というように自分自身の中で期間を設定しているのだとしたら、回答例としては、「２ヵ月以内に御社の営業のやり方を完全にマスターして、半年以内には『十分な活躍をしている』と言われるようになりたいです。そして、３年以内にトップ営業と言われる人材を目指します。それとともに、チームリーダーとして１つの大きなチームを率いる存在になりたいです」などでしょうか。

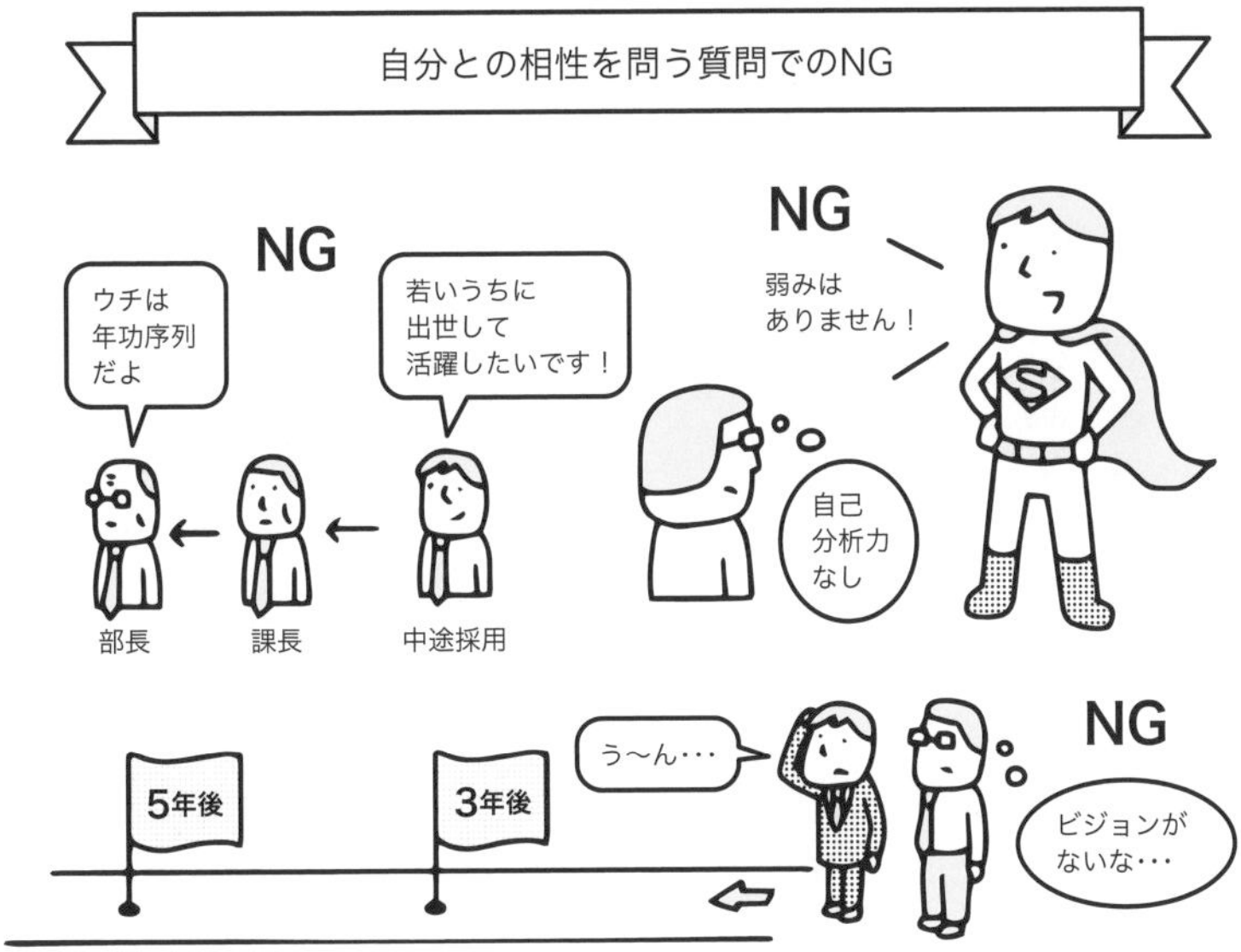

短期・長期の期間を自己設定して、できるだけその光景が浮かぶような形で伝えましょう。

なお、3つめと4つめはどちらも**未来のありたい姿についての質問**です。この場合、「なぜそう思うのか？　そう思うようになったきっかけや根拠は何か？」という原体験を必ずセットにして語りましょう。過去や現在については事実をそのまま伝えれば問題ありませんが、未来については事実はありません。そのため、面接官からすればどうしても抽象的かつ一般的に聞こえてしまうのです。**その人なりの想いや本気度を証明するために、あなたがそう思う理由や根拠として原体験を添えて伝えることが求められてくるのです。**

逆質問をする際のポイント

この項では、面接の流れ（172ページ参照）における、⑨逆質問を解説します。

〈⑨逆質問〉

面接の質問の締めとしてよく聞かれるのが、

「最後に何か質問はありますか？」

です。

これについては、あらかじめ自分のほうで事前に1～3個用意しておきましょう。

逆質問によってあなたが達成できる目的（あるいは得られる効果）は3つあると私は考えています。

1つめは、一貫性を念押しすること

2つめは、仮説を検証すること

3つめは、面接官との距離を縮めること

この3つです。

逆質問の際のポイント

●一貫性を念押しする質問例

「自分は３年以内にトップ営業になりたいと思っているのですが、トップ営業の方の要素や特徴に共通項があれば教えていただけますか？　そこに到達するためにどんな努力をすべきかを知りたいので」

→相手にあなたの本気度が伝わり、あなたの主張の一貫性を最後に念押しできる

トップ
営業を
目指します！
トップ
営業の
共通項は？
一貫性がある！

●仮説を検証する質問例

「ホームページを拝見したときに、御社は将来的にアジアへ積極的に進出していくのではないかという印象を受けました。自分自身は多国籍の人たちをマネジメントできる力を身につけたいと思っているのですが、実際はいかがでしょうか？」

→事前によく準備・研究しているということ、そして当事者として仮説・検証できるスキルを身につけていることの両方をアピールできる

HP
アジア進出
されるのでは？
よく研究してる！

●面接官との距離を縮める回答例

「自分は将来的にチームリーダーとして活躍したいと思っているのですが、１プレイヤーからリーダーに昇格する際に最も必要となるスキルはどういったものだとお考えですか？　チームリーダーでいらっしゃる○○さんのご意見をうかがえたらうれしいです」

→人間は誰しも、自分の大切にする価値観について質問され、気持ち良く話したい。それをさせてくれた相手に好感を持つ。目の前の面接官に個人的見解を求める質問をすると、面接官との距離が縮まる可能性がある

Q
距離が縮む
質問だな

POINT

逆質問を３つほど用意しておく！

逆質問タイムでのNG

ここで避けたいのは、これまで自分がおこなってきたPRと一貫しない質問です。「未経験ですが成長の機会をもらいたい、若いうちからバリバリやらせてもらいたい」と主張してきたのに、「皆さん何時頃帰っているんですか？　有休の消化率はどれくらいですか？」などと聞いてしまうと、一貫性が崩れ、面接官は「今ここでする質問？」という気分になってしまいます。

もう1つ注意したいのは、「コーポレートサイトに書いてあるようなことは質問しない」ということ。聞けば「この人は事前研究をせずに面接に臨んでいるな」ということがすぐにバレます。

ちなみに、3つほど質問を用意しておくのは、時間との兼ね合いがあるからです。1つ質疑応答を経て、まだ少し時間がありそうならば、「まだお時間よろしいでしょうか？」などと面接官に尋ね、いいですよと言われたら質問をしましょう。そんなふうに時間に配慮できたら、あなたの評価は上がるでしょう。

少し変わった質問をされた場合の対処法

余談ですが、最終面接などで役員クラスの方がかなりハイレベルな質問をしてくることもあります。例えば、

「我が社に入社して、もしも君が叶えたいと思っていることができなかったからどうします

か？」

などです。

これは私が実際に転職面接でされた質問です。答えがあるようなないような、非常に難しい質問でした。そして、「この質問にうまく答えられたら内定が出るんだろうな」という感触もありました。「ここで問われているのは柔軟性なんだろうな」と私は感じました。それまで私は、自分自身の転職の軸に沿って、面接では首尾一貫した回答をしてきたと自負していました。それだけに「あなたの描く理想と違う場面であなたはどうするの？」と問われたのだと察したのです。

そこで私は、「本音を言えば、その瞬間は残念に思ったり、葛藤《かっとう》したりすると思います。でも、自分の意に沿わず、希望どおりの役割や業務ができなかったとき、その役割や業務と向き合って、『もしかしたらその環境の中で何か追求できることがあるんじゃないか？』と問いかけてみようと思います。自分の経験したことのないことを体験する機会と捉え、前向きに受け入れ、楽しみたいです」といった内容の回答をした記憶があります。

この回答が相手の心に刺さったかどうかはわかりませんが、結果として内定をいただき、無事に入社することができました。

また、その他に意表をついた質問としては、

「あなたがウチの営業だったら、ウチのお客さんにどんな提案をしますか？」

など具体的なケースを設定されるというものもあります。この場合、質問された側は「何とか素晴らしいアイデアをひねり出さなくては」と焦ってしまいがちですが、実はここで求められているのは新規性や独自性などではありません。「構造化できるか？　プロセス化できるか？」を面接官は聞いているのです。

例えば、「御社のお客様はこういう人たちで、そのお客様の求める価値はこういうもので、その価値を提供するためのプロセスはこういうもので、特にカギを握る部分はこういうところだと思いますので……」と理路整然と語ることができればＯＫです。

また、その回答が正解かどうかも、あまり気にしなくて良いのです。特に異業界転職であれば、未経験の分野となります。自信がなければ「○○業界は私にとって未経験ですので、間違っていたら申し訳ありませんが、私なりの見解を述べさせていただきます」といった枕詞をつけて話し始めれば良いでしょう。

役員面接などでは**最初から逆質問に終始する**というケースも稀にあります。つまり、30分～1時間のあいだずっと、面接官は「何か質問ありますか？　あればお答えするので何でも聞いてください」という形式で面接が進むのです。たくさん質問させることでボロも出るし、本音も見える――という意図があります。また、面接官としてはラクできるという裏の意図も

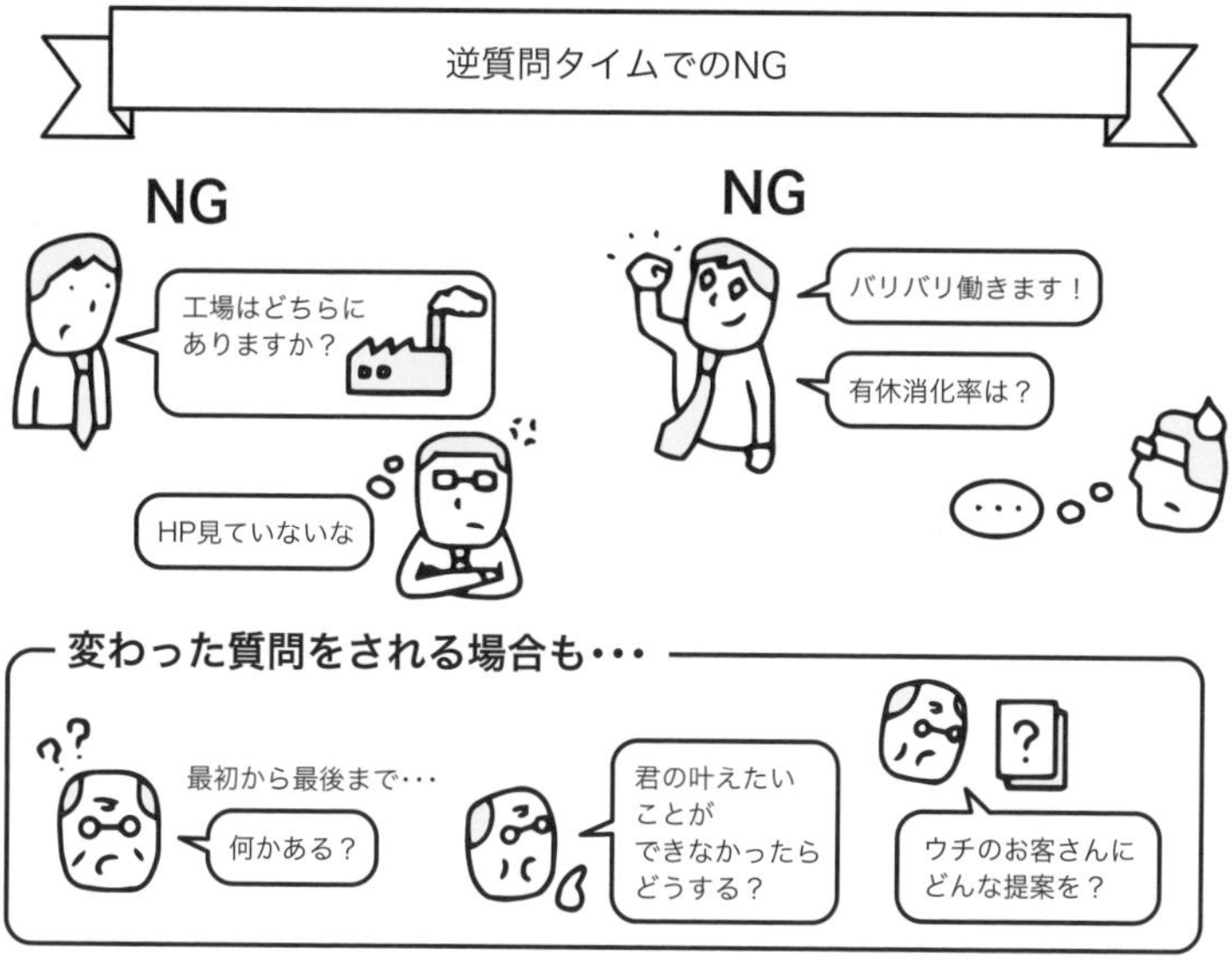

あるかもしれません。企業研究をする中で、そのような面接がおこなわれる可能性がありそうだと思ったら、コーポレートサイトなどを読み込んだ上であらかじめ質問事項を何十個も書き出し、それをもとに質問をすると良いでしょう。

他社の選考状況や入社後の希望に対する質問のポイント

この項では、面接の流れ（172ページ参照）における、⑩他社の選考状況や⑪入社後の希望に対する質問を解説します。

〈⑩他社の選考状況〉

「他にどんなところを受けていますか？」という他社の選考状況は、志望動機などに絡めて聞かれることもありますが、最後にもう1度しっかりと聞いてくる企業が多いです。最後に面接官がこの質問をする意図は、「転職活動に一貫性があるか？」を最終確認することです。

〈⑪入社後の希望〉

これは**「年収などで希望はありますか？」**などの表現で聞かれることが多いです。「あなたの希望をなるべく叶えてあげたい」という思いも多少はあると思いますが、それよりも「あなたが相場感覚を持っている人間かどうか？」のほうを重視してチェックされていると考えてください。

他社の選考状況や入社後の希望のポイント

●他社の選考状況に対する回答

ケース　今ＩＴ業界の企業の面接を受けているとして、他にＩＴ業界の企業１社、不動産会社１社の面接を受けていた（あるいは受ける予定）

A「他には受けていません。御社だけです」と〝ウソ〟を答える

B「同じＩＴ業界の株式会社○○と、不動産の株式会社××の面接も受けました（受ける予定です）」とすべて正直に答える

C「同じＩＴ業界である企業の面接も受けました（受ける予定です）」と同じ業界の企業に関してのみ答える

D「同じＩＴ業界である株式会社○○の面接も受けました（受ける予定です）」と企業名まで答える

→ **一貫性がある回答を選ぶ**

→ **正直、どれが唯一の正解とは言えない。ただ、面接官は「あなたの転職活動に一貫性はあるか？」を聞いているので、そう思われる回答を選ぶべき。**

●入社後の希望に対する回答

同業界・同職種の相場を踏まえた上で「希望はこういう金額なのですが、まだ内定をいただけているわけではないですし、御社の評価水準もあると思いますので、最終内定の段階ですり合わせをさせていただけたらうれしいです」が無難。「基本的には現職での年収以上が希望です」といった現職との比較で表現するのも１つの方法。

POINT

選考状況では「一貫性」を！
希望では「相場を踏まえた希望提示」を！

他社の選考状況に対する質問のNG

ＩＴも、不動産も、教育も、電機メーカーも、飲食も……といろいろな業界の面接を受けていると知れば、そこによほど明確な選定基準が存在しない限り、「本当にＩＴ業界に入りたいの？　一貫性がまったく感じられないな」と思われてしまいますよね？　また、もしもＩＴ企業の面接が１社だけで不動産業界の企業の面接を何社も受けているのだとすれば、「この人はウチを冷やかしで受けていて、本命は不動産業界なのだな」と思いますよね？　ですから、面接官にそう思われないように伝えることが大事です。

例えば、「今ＩＴ業界の企業の面接を受けていて、他にＩＴ業界の企業１社、不動産会社１社の面接を受けている」という場合、状況にもよりますが、「同じＩＴ業界である企業の面接も受ける予定です」と同じ業界の企業に関してのみ答える――というのが無難な答えです。また、異業界であっても、その選定軸が明確に示せるのならば「自分は『20代のリーダーを求む』という企業で働きたいという軸で転職活動をおこなっておりまして、その希望に合致している別のＩＴ企業、そして不動産会社１社の面接も受ける予定です」などの言い方も良いと思います。

最終面接などで**「具体的な社名を教えてもらえますか？」「今、何次面接まで進んでいるの？」**などとさらに聞かれる場合もありますが、素直に質問に答えても良いと思います。

なお、これは新卒採用でも同じですが、自分を大きく見せるため、有利に事を運ぶために

「同じIT業界である株式会社○○で最終の段階まで進んでいます」などのウソをついてしまうのはやめましょう。そのあたりは、すぐにバレてしまいます。

また、このとき**「ウチはあなたの志望順位的に何位くらいなの？」**と順位を聞かれることがあります。この場合、一次面接などだったら「どの企業も非常に興味・関心があって面接を受けさせていただいているのですが、いろいろな企業と接点を持ち始めた段階なので、正直なところ、まだ優劣がついているわけではございません」といった形で、優劣はつけられないと逃げても良いと思います。

最終面接などでは、「御社のお仕事に非常に興味を持ちながらも、正直他の企業にもそれぞれの魅力があるので、自分の中の優先順位に従ってしっかりと決めていきたいと思っています」などでしょうか。その答え方をすれば当然「自分の中の優先順位って何なの？」という質問をされると思いますが、そのときのためにも自己分析シート（64〜73ページ参照）を使って優先順位を明確にしておく必要があるわけです。

入社後の希望に対する質問のNG

例えば、同業界の同年齢での年収相場が400万円なのに、「自分の希望は800万円です」と答えたらどうなるでしょうか？　相場感覚がないと思われて損しかしません。求人票などを見ていれば、相場はつかめるはずなので、「情報収集もおこなっていないのだな」と判断さ

他社の選考状況や入社後の希望に対する質問のNG
NG
祝内定
A社も
B社も
内定もらってます！
ウソつくな
NG
不動産会社を
100社ほど
受けてます
ウチは
冷やかしか・・・
IT企業
NG
年収2000万円
希望です
業界平均
400万円
なんだけど

れ、マイナスの印象しか与えません。絶対に避けるべきです。

とはいえ、現状よりも年収が上がったらいいなと思う気持ちもわからないではありません。では、どのように伝えるべきなのか？**「基本的には現職での年収以上が希望です」といった現職との比較で表現するのも１つの方法です。**

あるいは「希望はこういう金額なのですが、まだ内定をいただけているわけではないですし、御社の評価水準もあると思いますので、最終内定の段階ですり合わせをさせていただけたらうれしいです」といった表現で希望を伝えるのも良いかもしれません。ただし、その場合も、金額の希望が相場からかけ離れるものではない方が良いでしょう。

本番編

内定をもらった後にあなたを待ち受けるさまざまなこと

面接を受けた企業から「内定です」と言われても、そこがあなたのゴールではありません。**その会社で目指すべきゴールは「定着し、活躍し、あなたに必要なハッシュタグを手に入れること」です。**そして、大きなゴールは「あなたの望む仕事に就き、あなたらしい人生を創ること」です。5年後、10年後……と続く長い人生を自らデザインしていくために転職活動をするのだということをどうか忘れないでください。

とはいえ、最終面接をクリアした後に、いくつかの問題があなたを待ち受けています。本章の締めくくりとして、それらの問題と対応策について触れておきます。

嫁ブロック、親ブロックを防ぐ方法

自分の希望する企業から内定をもらえた。そのことを妻(あるいは夫)に報告すると「なんで転職するの？　今よりも給料が下がるなんてあり得ない」と言われた……。転職しようと思っていると両親に告げた。すると「そんな誰も知らない会社、将来性があるの？　せっかく誰もが知っている有名な会社に入れたのに」と言われた……。その言葉に心が揺れて、内定を辞退し、今の職場に留まるという人がいます。これらを通称「嫁ブロック」「親ブロック」などと呼ぶことがあります。

今の職場に留まることになるのは、大きく2つの原因が考えられます。その対策と併せて解説していきます。

1つめの原因。それは**「転職の軸」**がハッキリしていなかったからです。転職の軸、つまり「自分はなぜ転職するのか？　そのためにどんな環境に移りたいのか？」がきちんと定まっていないと、自分にとって影響力のある人物から反対意見を言われると「そうかもしれない」と流されてしまうものなのです。本書の読者の皆さんは、自己分析シートとキャリアビジョンの構造図を使って「自分はなぜ転職したいのか？　そのためにどんな環境に移りたいのか？」がハッキリしてきたと思います。ぜひ、その軸に従って転職活動を進めてください。

2つめの原因。それは**「情報共有」**をしてこなかったからです。親御さんやご家族が反対するのは、「今の会社の方がいい」と言いたい気持ちよりもむしろ「そんな大事なことをなぜ1人で勝手に決めるのか？」という憤りのほうが強い場合があります。

そこで大事なのは、情報を開示し、共有することです。「転職をしたいと考えている」という段階から相談を始めるのがベストです。情報共有の際のポイントは「ビジョンを語ること」です。


「どんなことがきっかけで転職したいと思ったのか？」

「どんな求人群を受けたいと考えているのか？」

「それはなぜか？　将来的にどんなビジョンを描いているからなのか？」


を親や家族にセットで語り、理解を得ていくわけです。

また、転職活動の途中経過も報告することをオススメします。『書類選考ではじかれた』『一次面接で落ちた』などと伝えたらショックかも……自分もうまくいっていないことを伝えたくないし……」などと思って伝えない人も多いのですが、身近で大切な人たちに転職市場のリアルを知ってもらうことは重要です。「転職は決して甘くないんだ」と理解し、その上で「人生設計の一部として良い会社を選ぶには、給料や知名度だけを判断基準にすべきではない」と共感してくれれば、親御さんやご家族があなたの力強い味方になってくれるはずです。

上司ブロックを切り抜けるには？

会社に勤めながら転職活動をしてきた人は、「今の会社を辞める」という手続きも必要です。

その際、気をつけなければならないのは上司ブロックです。

「すみません、ご相談したいことがありまして……」「何だ？」「実は会社を辞めたいと思っていまして……」とやってしまうと、この問題が生じます。具体的には、

・忙しいなどの理由で上司が取り合ってくれず、なかなか話をさせてくれない
・望むポジションで仕事をさせてやるから辞めるなんて言うなと強く慰留される

の2つのパターンに大別できます。

「あなたを引き留めたい」という思いがまったくないとは言えないのですが、このような態度を取る上司の根底には、「部下が辞めると自分の評価がマイナスになる」という思いが強く働いていることのほうが多いのです。

ですから、あなたが「希望どおりの転職先に内定をもらったぞ！　新しい環境で頑張るぞ」と思っていて、転職先から「○月○日までには来てほしい」と言われているのであれば、優先すべきは転職先との約束です。これを破ったら契約上内定が反故になる可能性がありますので、ブレずにサクサクと手続きを進めるべきです。

こういった上司ブロックを防ぐ上で非常に重要なことがあります。それは、

「相談はしない。事後報告をする」

ということです。相談という形で話をすれば、相手は何かしら意見やアドバイスをしてきま

す。決定事項であり、覆ることはない「報告」として話をしましょう。
この報告の際に大事なのは、転職理由を「新しい環境で自分の力を試したい。その環境でなければダメなんです」という1点に終始することです。たとえ人間関係がいちばんの理由で辞めたいと思ったのだとしても、今の会社に悪い印象を残すだけ。わざわざ上司に伝える必要はありません。また、「何という会社に移るのか？」と聞かれることもあると思いますが、「〇〇業界の中堅規模の会社です」くらいの説明で十分です。具体的な社名は伝える必要はないと思います。

また、転職面接と並行して、
・自社の就業規則を調べ、「いつまでに退職報告をすべきか？」（1ヵ月前のところが多い）を把握しておくこと
・転職した同僚などにヒアリングし、「転職の手続きの進め方（誰に伝えるか？　どのような順番・期間で手続きが進むか？　など）」を理解しておくこと
の2つをおこなっておくと、入社のタイミングなどについて内定先とすり合わせがしやすくなります。

なお、**「忙しいなどの理由で上司が取り合ってくれず、なかなか話をさせてくれない」**とい

う場合には、メールで退職したいという報告をし、その際、上司の上司あるいは人事部などにCCを入れておき、書面で〝証拠〟として残しておきましょう。メールを送付した日を起算日にできるので、就業規則上1ヵ月前の報告を求められている場合、1ヵ月以上前にメールをしておけば良いでしょう。上司に時間を取ってもらい、会議室などで面と向かって報告し、承諾してもらうのがベストではあります。

また、**「望むポジションで仕事をさせてやるから辞めるなんて言うなと強く慰留される」**という場合ですが、私の知る限り、この甘言に乗って会社に残り、不満が解消されたという例は皆無です。実際は異動させてくれなかったり、一瞬望む仕事をさせてもらったもののすぐにまた元に戻されたり、一度辞めると言ってしまったことで上司や同僚と気まずくなり、以前よりも居づらくなったり……。状況が好転する例は皆無と言えます。

なかには、「今の場所で十分に成果を挙げられないお前が、他の会社に行って活躍などできるわけがない」などとひどいことを言って職場にとどまらせようとする上司もいます。人間の尊厳を踏みにじる否定的な言葉……完全なパワハラですよね。そんな言葉に負けないためにも、自分の軸を持って転職活動をおこなうことが重要なのです。

内定先の企業とのやりとりにおける注意点

最後に、内定をもらった企業とのやりとりについて触れておきます。

「内定」となると、企業は内定通知書（条件通知書）の作成にとりかかります。この通知書の作成が非常に大変です。さまざまな部署の承認を得て作る必要があるからです。

もしもあなたが給与などの条件交渉をしたいと思うのなら、「内定と口頭で伝えられたけれども、まだ通知書を作成していない」タイミングでおこなうべきです。通知書を作成してからでは基本的に条件が覆りませんし、もしもそれを覆させるような交渉をすると相手企業にすごく嫌がられ、入社前から悪い印象を持たれてしまうからです。

なお、年収の交渉については、相場を踏まえておこなうことが重要です。「他社の選考状況や入社後の希望に対する質問のポイント」の項（210〜214ページ参照）で、希望年収の伝え方について触れましたので、こちらも参考にしてください。

また、内定通知書（条件通知書）は、しっかりと確認すること。ごくまれに「マーケティング職で求人をしたけど、経理に向いていそうなので経理として採用しよう」などと本人の承諾なしで企業が勝手に判断し、内定が出た——ということもあるからです。求人票のとおりでない場合はしっかりと主張しましょう。あなたの将来がかかっています。

転職成功事例集

20代、30代の彼らは、どのように内定を勝ち取り、新しい職場で活躍しているのか？
アクシス株式会社の転職サポートを有効活用し、転職に成功した5人の事例を紹介します。

ケース1／Aさん（20代男性）

大手カフェチェーンの副店長から大手メディア企業の法人向け広告営業へ！

大手カフェチェーンの副店長。店舗接客やアルバイトスタッフの採用と育成などをおこなっていたAさん。大手メディア企業の法人向け広告営業へ転職しました。

課題および頑張りポイント

話が長く、あれもこれもと多くを伝えすぎてしまい、結局何を伝えたいか要領を得ないことがAさんの課題でした。また店舗接客の経験しかないため、表現や希望内容が稚拙になっていました。

アクシスと共におこなった、成功のための努力

そこで、自己分析を徹底することに。自分のありたい姿、現状、ありたい姿と現状とのギャップ、ギャップを埋めるためにすべき努力（32〜33ページ「キャリアビジョンの構造図」参照）を言語化して、絞り込んでいきました。と同時に、自分側からは、それ以外のメッセージや考え、エピソードなどは発言しないように徹底してもらいました。

面接のコミュニケーションの伝え方・話し方においては、「結論→理由→事例」の3段論法の型に当てはめ、徹底的に練習してもらいました。面接官から「なぜそうしたの？　そう思ったの？」「具体的にはどういうこと？　本当にそうなの？」「他にはないの？」など質問を重ねられるであろう切り口を想定しておき、その回答も事前に言語化し、論理的に矛盾がないか、具体性として妥当な深さか、一貫性があるかどうかまでチェックしていきました。

今までほとんど面接の練習をしてこなかったAさん。そこで「○月×日までに5回練習しよう」などと目標を決め、実際の行動件数で練習量をチェック。毎回の練習後に、アクシスのスタッフと振り返り（良かった点と改善点）を言語化してもらいました。

その結果、見事に希望した転職先に内定をもらえました。

末永が解説！ 転職成功のポイント

店舗系で個人向けの仕事をされていた方は、企業担当者などとのビジネスコミュニケーションに慣れていません。そのため、言葉や表現が稚拙だったり、思ったままにベラベラしゃべってしまう傾向があります。ですので、いわゆる〝法人向けのビジネスコミュニケーション〟の型を用意し、その型にAさんの考えを当てはめて、それ以外は言わない、伝えない練習に一貫して取り組んでもらいました。そうすることで（友だちとの会話では許されるような）余計な話へと分散せず、一貫したメッセージをわかりやすく簡潔に伝えることができました。

ケース2／Bさん（30代男性）

大手証券会社のリテール営業から大手ネット広告代理店の法人営業へ！

中小企業オーナーや投資家に対して証券の飛び込み営業。取扱高を増やすため、情報提供や金融商品の提案をして手数料を稼いでいたBさん。同期や支店の中ではトップセールスでしたが、顧客にとって損をさせてしまう商材や業界特性に課題を感じて、顧客価値に貢献できる業界へキャリアチェンジを希望しました。

課題および頑張りポイント

行動件数・数だけを追いかける営業で成果を挙げてきたため、自分なりの工夫が言語化できていませんでした。そのため、企業の面接でも、「気合と根性、とにかく数をやり切るよう頑張りました！」と抽象的なアピールに終始して選考が進まないジレンマを抱えていました。

アクシスと共におこなった、成功のための努力

成果は十分に出してはいたので、「同期や同僚との成果の差分がなぜ出たのか？」という質問を投げかけ、細かく言語化してもらいました。無意識になんとなくやっていることであっても、きちんと「なぜ？　なぜ？」を問いかけて文章に落とし込んでいくと、成果を出すプロセスにおいて、何かしらの「判断や行動の差分」が発見できるからです。

また、証券営業業務の成果指標と業務プロセスを可視化してもらいました。例えばですが、成果指標については、

「リストアップ件数→アタック数→商談数→受注数→追加提案数→顧客紹介数」

などで、これらの数値の具体的な実数とプロセスごとの転換率を出していき、これをベースに業務内容をアピールすることを徹底してもらいました。

・もう1点の業務プロセスにおいては、以下のようなプロセスが考えられます。

「ターゲットリストの選定・リストアップ→顧客に対してのアタック→顧客の訪問準備→顧客の初回訪問→顧客に対してのヒアリング→顧客に対しての課題の設定→顧客に対しての解決策や提案→受注後のアフターフォロー→顧客の紹介やリピート転換施策」

これらは、上記の成果指標を向上させるために、実際にやる業務のアクションや内容です。

こういったプロセスを整理した上で、「先輩や同期がそこまで注力してやっていないけれど、

自分は注力していた点」もしくは「自分がうまくやれていた点」は何か、それはなぜかを言語化してもらいました。

ここまでくれば、あとは面接でうまく話せるかどうか。つまり、練習量の問題です。例えば「商談数から受注数への転換率を向上させるために、○○という工夫をして行動したことで、何％転換率が向上し、××の売上数値がアップしました」と具体的に話せるよう、練習の回数を決めて練習してもらいました。

末永が解説！ 転職成功のポイント

証券、保険、ＭＲ、通信、不動産など行動件数がモノを言う営業職の経験者は、ガッツや行動量のみを指標に営業成果を出してきた場合が多く、どうしても「何も考えずにガッツで頑張りました！」という精神論的で、抽象的なアピールになり、評価されにくいです。

そこで、ビジネスの基礎的なフレームワーク、つまり「成果指標とそれを達成する業務プロセス」を可視化して、その共通言語を活用して、そのフレームに沿って自己ＰＲをしてもらうようにしました。それにより、成果よりも、成果に至るプロセスにおける工夫や取り組みが言語化され、具体的かつ再現性の高い業務の進め方のアピールに成功。定量数値でモノを語る傾向が強く、難易度の高いネット広告代理店から見事内定を勝ち取りました。

【ケース3／Cさん（20代女性）】

アパレル業界の店長から ネット広告代理店のアカウントプランナーへ！

「土日が休めない」「年次を積み上げていっても専門スキルが高まっていかない」という働き方に思うところがあり、スキルアップとともに将来的に給与を高めていきたいと転職を決意しました。

課題および頑張りポイント

求人選定に明確な軸がないという課題を抱えていたCさん。ミーハーな理由で求人選定を行ったり、消費者視点に寄りすぎていたり、感覚的になりがちだったり……求人サイトで面白そうと思った求人情報に大量に応募していました。その結果、面接を消化できずに辞退をしたり、準備不足で見送りになったり……内定を得ても転職の意思決定できるだけの納得感を得られず、何も前進できない状態が続いていました。

アクシスと共におこなった、成功のための努力

そこでまず、アパレル店長の仕事の不満や課題をきちんと言語化し、文章に落とし込むことで自分を客観視できる状態を作りました。と同時に、この仕事、そしてこの会社を新卒で選んだ理由や決め手を振り返りました。

その結果、「消費者目線やミーハー心をくすぐる商材や業界を選びがち」という自分の傾向に気づけました。また、アパレルの仕事で感じている不満や課題については、転職先を選ぶ際の検討にさえ入れていなかったことにも気がつきました。

そして、今回の転職軸は、新卒で選んだときの選定軸ではなく、「土日が休めること」「専門スキルを獲得し、それに伴って給与もアップできること」と具体化し、それらが実現できるか否かのみに集中することで、求人選定を自分なりの意味付け・納得感を持った上で進められるようになりました。

結果として、求人エントリーの軸が明確になり、エントリー数を7〜8社程度に絞り込むことができました。エントリー求人を絞り込んだ分、きちんと事前準備や対策は行い、基本

エントリーした求人は前提としてすべて通過する努力は怠りませんでした。

また、実際の面接の過程で、「土日が休めること」「専門スキルを獲得し、それに伴って給与もアップできること」という自分軸とマッチしないと感じた企業に関しては、その段階で本人から辞退をしていきました。そして、ネット広告業2社の内定を得るに至りました。「入社後により定着・活躍が見込めそう」「一緒に働く人達との相性・カルチャーが合いそう」という点を考慮して1社を選び、現在活躍中です。

末永が解説！ 転職成功のポイント

どちらかというと女性に多い印象があるのですが、求人選定において自分の好きなモノやコトに目が行きがちな方は多くいらっしゃいます。その選び方で入社後も満足し、キャリアとして成功していけるのであればそれで問題ないのですが、「その会社を選んだ理由」と「入社後のやりがいや満足」とのギャップに悩む人が多いのです。

自分のやりがいや課題にきちんと目を向け、紙や文章に書き出して客観視しながら仕事選びや求人選定ができるようになると、エントリー数も絞り込めるため、余裕を持った選考対策と対応をしていけるので、結果として内定率も高くなり、最終的にも一貫性を持って納得感のある意思決定ができるのです。

【ケース4／Dさん（20代男性）】

専門商社の法人営業から大手人材紹介会社の法人営業へ！

大学時代からファッションが好きで、繊維系の専門商社に入社するも、いざ仕事にしてみるとやりがいを感じられず、将来サイバーエージェントの人事役員の曽山哲人さんのようなベンチャー企業のCHRO（Chief Human Resource Officer＝最高人事責任者）になりたいと思い、人事を目指して転職を決意しました。

課題および頑張りポイント

専門商社の法人営業経験のみで企業の人事ポジションを複数エントリーするも、書類選考段階でほとんどがお見送りになってしまっていました。その一方、通過する会社は、不動産会社や製造業など、自分自身が興味を持てない業界の中小企業ばかりで、選考を辞退してしまっている状態でした。

また、将来のベンチャーのCHROというビジョンは明確なものの、具体的にどうしていけば良いのかわからず途方に暮れていました。

アクシスと共におこなった、成功のための努力

そこでまず、ベンチャー企業の人事担当役員や人事責任者クラスの求人票が閲覧できるよう、エージェントサイトに登録してもらいました。そして、Dさんが対象外かどうかは関係なく、いくつかの求人票を比較閲覧し、「人事担当役員や人事責任者クラスの仕事とはどういったものか?」「企業によってどんな違いがあるのか?」を把握し、具体的なイメージを持ってもらいました。

次に求人票の必須条件・歓迎条件欄をチェックし、人事責任者クラスの求人で求められる経験やスキル、人物像を把握していきました。そして、その必須スキル・経験を積める業界・会社・職種はどこなのかという視点で求人票を確認していきました。すると、「事業会社での人事経験・マネジメント経験」、次に「人材紹介会社の法人営業経験」が多くあることに気がつきました。そこで、「人材紹介会社の法人営業経験を身につけること」を今回の転職の目標

に設定し、求人選定を行い、エントリーを進めていきました。

人材業界はDさんにとって未経験ですが、法人営業経験は3年間積んできて自信もあり、将来のキャリアビジョンも明確になっている中できちんと志望動機も語ることができ、大手人材紹介会社の法人営業職種で内定を得ることに成功しました。将来のCHROを目指して、まずは人材業界の営業として成果を出すことはもちろん、クライアント企業の人事責任者と対等に渡り合う練習だという捉え方でモチベーション高く仕事をしています。

末永が解説！ 転職成功のポイント

将来のキャリアビジョンや、それを目指す動機づけや理由が明確な人が少なからずいらっしゃいますが、特段関連した経験やスキルがないにもかかわらず、一足飛びにビジョンとしている求人やポジションを狙ってしまう人は多いです。

それが実現できるのであればもちろん良いと思いますが、世の中そう甘くはありません。そういったポジションに就けて活躍できている人にはそれなりの理由がある、つまり、きちんと関連した経験や下積み、準備期間があってこその現在のポジションや活躍なのです。

そこで、キャリアビジョンに合致した求人票を複数集めてみて、求める経験・スキルの必須や歓迎欄をくまなくチェックし把握することで、自分自身の現在のキャリア・経験でもチャレンジできそうな求人を特定することをオススメします。

まずは、修業と考える。そして、今回は「一足飛び」を狙わず敢えて迂回をし、経験・スキルを高めていく。そうすれば、2〜3年後には当初目指していたビジョンに合致した求人から〝出来レース〟でオファーやスカウトを得られるようになるのです。

こうした逆算型・戦略的キャリア設計は、難易度は高めですが、きちんと取り組むと、Dさんのような成果を勝ち取ることができるのです。

【ケース5／Eさん（20代男性）】

旅行代理店のカウンターセールスから中堅システム開発会社の法人向けソリューション営業へ！

学生時代、グローバルな仕事に憧れて海外旅行を中心に扱える旅行代理店に入社したものの、業界の先行きが不安で、明確なスキルもつかず給与も上がっていかない中、転職を決意しました。

課題および頑張りポイント

転職を決意したものの、どういった仕事をしたいというこだわりがなく、求人を大量に閲覧してもピンとくるものがなく、情報収集以降進めることができないで困っていたEさん。「多くの業界・職種があるが、自分にはどういった求人がマッチして、長期的な年収アップを狙え、将来性があるのか？」がわからず求人エントリーができませんでした。

アクシスと共におこなった、成功のための努力

そこでまず、・大手エージェントや求人サイトで、年収が600～700万円以上の求人を中心に閲覧を行い、「それらの仕事の共通点は何か」という視点でざっくりと把握しました。そして、業界は金融業界かコンサル業界、職種は高単価商材の営業マネージャー、もしくはマーケティング、システム開発のプロダクトマネージャー、人事責任者、財務責任者などの専門職が中心であることに気づきました。その中で自分が惹かれるのは、金融業界やコンサル業界だったり、営業マネージャーではなく「何かしらの専門スキルを持ったスペシャリスト」であるとEさんは感じました。そこで、将来的に高年収が見込める何かしらのスペシャリストを目指すことで方針を立てました。

スペシャリストの分野にも、人事組織系、ITシステム開発系、財務会計系、マーケティング系が多い印象がありました。次にこれらのハイクラスのスペシャリスト求人を複数チェックし、求める経験・スキルを確認してみたところ、その多くが「別の企業で同じスペシャリストの職務を経験」もしくは「専門領域の関連分野を商材とした法人営業経験」のいずれかであることに気がつきました。今回は異業界転職なので前者には該当しません。後者を狙っていくことにしました。そして、スペシャリストの分野の中でも特にこれから多くの事業・会社で需要が伸びていきそうなシステム開発分野へ関心を定め、「ITシステム開発を外部から営業として支援する仕事」をターゲット求人と決めました。

その後はスムーズに、大手、中堅、ベンチャーのシステム開発会社をそれぞれ2～3社ずつ選定し、7社程求人エントリー。選考の過程で詳細なビジネスモデル、仕事内容、カルチャーなどを確認しながら、「大手クライアントに直接提案ができ、かつインフラよりも業務アプリを中心に提案から入っていくことができる中堅のシステム開発会社のソリューション営業に見事内定を得て、入社しました。

末永が解説！ 転職成功のポイント

「絶対に、この業界・商材・分野の仕事がしたい！」というこだわりを持った人は、経験の少ない20代の方においては特に多くはないと思います。そうするとどう求人を選んでいけば良いかわからず、忙しさもあり、転職活動自体を保留にしたりやめてしまいがちです。

とはいえ、現職を辞めて転職する意思は明確な場合、現実的に求人を選定し、エントリーしていかなければ始まりません。

Eさんの場合、「将来に対して希望が持て、自分の努力や成果に応じて、中期的に年収を上げていける」ということだけは明確でした。そこで、ハイクラスと言われる年収７００万円を超えた求人を実際に網羅的にチェックしてみることで、どういった仕事が高年収なのかを把握し、そこから比較検討しつつ、自分が興味があるものを絞り込み、ベンチマークとする、そしてそのベンチマークのポジションに将来就くために逆算して今何を経験しておくべきか、という視点で求人選定をしてみたわけです。

手間はかかりますが、人生の生涯年収がかかってくる選択ですから、これくらいの労力や手間は惜しまず、頑張ってみても損はないでしょう。

おわりに

入社後1ヵ月以内に職場の人とランチを！

「入社後の1ヵ月は黄金期間である」――本書の結びとして、あなたにこの言葉を贈りたいと思います。

中途採用の場合、新卒のように同期がいません。非常に孤独です。職場の輪にうまく入れないまま過ごしてしまうと、その孤独を引きずり、結果として定着・活躍できなくなってしまいます。

そこで大事なのが、最初の1ヵ月です。この期間に〝新人キャラ〟を演じて、みんなと仲良くなってしまうのです。具体的にオススメしたいのは、

・自分の部署の人全員と1回以上ランチをする
・自分の部署以外の何人か（キーパーソンなど）と1回以上ランチをすることです。

これらのランチの目的ですが、共通するのは「情報収集をすること」と「人間関係の距離を縮めること」です。「皆さんに貢献できるよう、いろいろ教えてください」と言えば、たいてい

の人は教えてくれます。そして、入社して間もない時期ほど、このお願いがしやすいのです。
自分の部署以外の人とのランチは、「自分の部署のメンバーに聞いただけではわからないことを知る」という目的が加わります。例えば、自分の部署の隣の上司にメールし、「ランチをご一緒させてください」とお願いしてみるわけです。少し勇気がいるかもしれませんが、物怖じせずに誘ってみましょう。社会人としてのルールやマナーを踏まえてお願いすれば、誘われるほうも決してイヤな顔はしないはずです。そんなふうに早いうちからキーパーソンとつながっておくと、仕事で活躍できる可能性もアップします。

この「1ヵ月以内ランチ」は私が実際におこない、とても成果のあった方法です。けれども、このような方法に触れている本はほとんどないため、最後に紹介しました。
人というのは、親近感を抱いてくれる人を好きになり、応援してくれるものです。あなたの周りにいる仲間に味方になってもらい、あなたの定着・活躍をサポートしてもらいましょう。今後の大活躍を心から願っています。

末永雄大

末永雄大（すえなが・ゆうた）

アクシス株式会社 代表取締役社長 兼 転職エージェント。青山学院大学法学部卒。新卒でリクルートキャリア（旧リクルートエージェント）入社。リクルーティングアドバイザーとしてさまざまな業界・企業の採用支援に携わる。東京市場開発部・京都支社にてMVP等計6度受賞。その後サイバーエージェントにてアカウントプランナーとして最大手クライアントを担当しインターネットを活用した集客支援をおこなう。2011年にヘッドハンター・転職エージェントとして独立。2012年アクシス株式会社を設立し、代表取締役に就任。月間35万人の読者が読む転職メディア「すべらない転職」の運営やキャリアに特化した有料パーソナルトレーニングサービス「マジキャリ」など多岐にわたるキャリア支援サービスを展開。転職エージェントとして20代向けの転職・キャリア支援をおこないながら、インターネットビジネスの事業開発や大学・ハローワークでのキャリアについての講演活動、ヤフーニュースや東洋経済オンラインでの寄稿など多岐にわたり活躍する。

・アクシス会社HP　https://axxis.co.jp/

・すべらない転職　https://axxis.co.jp/magazine

・マジキャリ　https://majicari.com/

本書に関するお問い合わせは、書名・発行日・該当ページを明記の上、下記のいずれかの方法にてお送りください。電話でのお問い合わせはお受けしておりません。

・ナツメ社webサイトの問い合わせフォーム
　https://www.natsume.co.jp/contact

・FAX（03-3291-1305）

・郵送（下記、ナツメ出版企画株式会社宛て）

なお、回答までに日にちをいただく場合があります。正誤のお問い合わせ以外の書籍内容に関する解説・個別の相談は行っておりません。あらかじめご了承ください。

成功《せいこう》する転職面接《てんしょくめんせつ》　成否《せいひ》の9割《わり》は「準備《じゅんび》」の質《しつ》で決《き》まる

2020年 7月 6日　初版発行
2023年11月 1日　第7刷発行

著　者　末永雄大《すえながゆうた》　

発行者　田村正隆

発行所　株式会社ナツメ社
東京都千代田区神田神保町1-52　ナツメ社ビル1F（〒101-0051）
電話 03（3291）1257（代表）　FAX 03（3291）5761
振替 00130-1-58661

制　作　ナツメ出版企画株式会社
東京都千代田区神田神保町1-52　ナツメ社ビル3F（〒101-0051）
電話 03（3295）3921（代表）

印刷所　ラン印刷社

ナツメ社Webサイト
https://www.natsume.co.jp
書籍の最新情報（正誤情報を含む）はナツメ社Webサイトをご覧ください。

ISBN978-4-8163-6863-9

Printed in Japan

〈定価はカバーに表示してあります〉〈落丁・乱丁本はお取り替えします〉